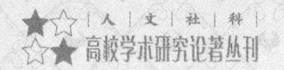

中国文化教育视野下的通识教育

——论钱穆"通学"教育思想

刘 静 著

中国书籍出版社

图书在版编目(CIP)数据

中国文化教育视野下的通识教育：论钱穆"通学"教育思想 / 刘静著. -- 北京：中国书籍出版社，2022.5
ISBN 978-7-5068-9010-6

Ⅰ.①中⋯ Ⅱ.①刘⋯ Ⅲ.①钱穆（1895-1990）-通识教育-教育思想-研究 Ⅳ.①G40-092.7

中国版本图书馆CIP数据核字（2022）第072385号

中国文化教育视野下的通识教育：论钱穆"通学"教育思想

刘　静　著

丛书策划	谭　鹏　武　斌
责任编辑	盛　洁
责任印制	孙马飞　马　芝
封面设计	东方美迪
出版发行	中国书籍出版社
地　　址	北京市丰台区三路居路97号（邮编：100073）
电　　话	（010）52257143（总编室）　（010）52257140（发行部）
电子邮箱	eo@chinabp.com.cn
经　　销	全国新华书店
印　　厂	三河市德贤弘印务有限公司
开　　本	710毫米×1000毫米　1/16
字　　数	190千字
印　　张	12
版　　次	2023年1月第1版
印　　次	2023年1月第1次印刷
书　　号	ISBN 978-7-5068-9010-6
定　　价	72.00元

版权所有　翻印必究

目录

第一章　引言　1

  1.1　研究背景　1
  1.2　文献综述　4
  1.3　核心概念　13
  1.4　研究思路　17
  1.5　研究方法　20
  1.6　研究价值与不足　23

第二章　钱穆教育思考的起因：中国教育现代转型文化性格之待定　25

  2.1　20世纪初期中国文化的趋变　26
  2.2　中国早期现代教育改革的"废"与"兴"　30
  2.3　少年钱穆：向学之志扎根　44

第三章　文史课程教学：以"学术精神"贯通文史知识　53

  3.1　执教小学：启迪教育人生　57
  3.2　"通学"之源：中国学术大流　67
  3.3　以"宋学精神"展"通学"价值　76

第四章 "通人"教育目标：联通个人成才与文化大原　　85

  4.1　文化研究：会通"历史"与"文化"　　87

  4.2　"通人"教育目标：必要性与可能性　　97

第五章 从教育实践到教育哲思的升华："通"指向人的文化创造　　112

  5.1　"新亚"办学："人文主义"实践　　114

  5.2　"通"指向人的文化创造性　　128

第六章 结论：探索中国现代教育的文化性格　　142

  6.1　人文精神是中国教育文化性格的核心　　143

  6.2　对建设中国教育文化性格的启发　　151

参考文献　　161

附录：钱穆教育大事记　　177

第一章 引言

1.1 研究背景

钱穆（1895—1990），是一位一生都在探索中国现代教育发展方向的思考者与实践者。钱穆对中国教育的关怀主要落在中国教育如何表达中国文化精神之上。可以说，这个思考贯穿于钱穆教育事业的一生，而支持这份思考不断深入的主要力量，一是其对中国历史和文化的持续研究，二是其对教育实践的持续参与。钱穆的学问研究中很大一部分是关于中国文化的研究。在1937年以前，钱穆的主要著述涉及先秦诸子学专题研究、经史学专项研究和中国学术史通论研究，比如《论语要略》《孟子要略》《墨子》《国学概论》《刘向歆父子年谱》《先秦诸子系年》和《中国近三百年学术史》等。1937年抗日战争爆发后，带着"以为我民族国家复兴前途之所托命"的志气，钱穆完成了《国史大纲》，随后开始深入中国文化研究。钱穆在文化研究方面的早期作品有《文化与教育》《中国文化史导论》和《湖上闲思录》，在港台地区发表的论文和海外的演讲结集而成《文化学大义》《国史新论》《中国历史精神》《人生十论》《中国思想通俗讲话》《民族与文化》和《中国历史研究法》等作品。这些贯其一生的思考，展现了钱穆对中国文化的思考从以史实分析为主进阶到哲学高度的心得历程。钱穆视中国文化的基本意识与基本观念的复兴，为挽救中国的基本力量和民族复兴的重要基础，强调我们是中国人，就应该尊重中国文化。"中国要能在世界上站立得起来，成一个独立国家，要有一种精神上的自信心，那还需要了解自己的文化，自己的历史，自己的社会，自己的优点和特点"，①钱穆对中国文化之于世界的价值的信心源于他对中国文化最大特点的把握，"中国儒家思想亦可谓是一种哲学……扣紧人生实践，而主从宇宙大全体探索其形上真理，再迂回来指导人生。中国儒家思想乃面对人生现实，不忽视于人类之情感实况而运用其理智"，②"中国文化最伟大所在，仍在历史讲起，……无论如何人总可以成一人，完成一个有意义有价值合理想合标准的人"。③

钱穆对中国历史文化进行研究的根本目的是树立中国人对自有文化的信心，鼓励国人以复兴文化来实现民族振兴，也因此赋予中国教育传承中国文化的重要责任。自1912年开始，到1986年6月正式告别杏坛，钱穆的教书生涯长达75年。在这跨越四分之三世纪的为师生涯中，钱穆在小学、中学和大学的教学一线工作过，也做过小学校长和大学校长，其足迹遍布祖国大陆的江南与西南，也到过香港和台湾，更是带着中国教育的理想赴海外讲学。钱穆热爱教书，在不惑之年回忆自己一生的文教生涯时曾这样说道："我自十七岁到今五十三年，始终在教育界。由小学中学而大学，上堂教书，是我的正业。下堂读书著书，是我业余的副业"，④而贯穿于其漫长教书生涯的根本宗旨，是坚定地践履中国教育在培养人才和传承文化方面的责任。

---

① 钱穆. 欢迎耶鲁协会代表讲词摘要[M]//新亚遗铎. 北京：生活·读书·新知三联书店，2005：42.
② 钱穆. 中国儒家思想对世界人类新文化应有的贡献[M]//世界局势与中国文化. 北京：九州出版社，2011：162.
③ 钱穆. 中国文化与中国人[M]//中国历史精神. 北京：九州出版社，2011：155.
④ 钱穆. 有关穆个人在新亚书院之辞职[M]//新亚遗铎. 北京：九州出版社，2011：480.

第一章　引言

在1937年发表的《历史与教育》一文中，钱穆提出"文化意味"一词，充实教育的文化意味，实质上是钱穆对教育救国的思考，"当今的所谓民族争存，归根到底便是一种文化争存；所谓民族力量，实质上便是一种文化力量。无文化便无历史，无历史便无民族，无民族便无力量，无力量便无存在"。钱穆不仅是在民族危亡之时高呼振兴中国文化，身处和平年代的他对于弘扬中国文化的使命感与紧迫感也丝毫没有放松。1950年钱穆在香港创立"新亚书院"，把发扬中国文化，沟通中西文化，丰富世界文化，立为"新亚"的责任。[①]新亚书院的创立和发展是钱穆对其教育理想的实践探索。钱穆认为教育必须承担帮助中华民族独立和文化复兴的责任，"中国民族当前的处境，无论如何黑暗与艰苦，在不久之将来，我们必会有复兴之前途。而中国民族之复兴，必然将建立在中国民族意识之复兴，以及对于中国民族已往历史文化传统自信心复活之基础上。……要发扬此一信念，获得国人之共信，其最重要的工作在教育。"[②]

当1965年新亚书院即将并入成为香港中文大学之时，钱穆辞职离开了新亚书院。这其中有一些人事纠纷，但钱穆对此的态度是豁达宽厚的。更能表达钱穆对此事态度的，是其力争三院合并而成的大学必由中国人担任校长，也建议大学名称为中文大学。中文，不仅是语言文字意义上的中文，还是中国文化。作为香港中文大学诸多书院之一的新亚书院，在今天依然充满活力。不可否认，新亚书院在钱穆时代积累而成的底蕴是支持其持续发展的重要力量。钱穆对于中国教育的连贯的实践和思考引起了笔者的研究兴趣。

[①] 钱穆. 招生简章节录[M]//新亚遗铎. 北京：九州出版社，2011：3.
[②] 钱穆. 敬告我们这一届的毕业同学们[M]//新亚遗铎. 北京：生活·读书·新知三联书店，2005：28.

解决的重要性。① 余英时认为钱穆史学研究一直在处理"普通性"和"特殊性"的问题。② 学者吴展良分析了钱穆的理学研究体现的钱穆本人对于把治学和自身实践修养融会贯通的特点。③ 学者徐兴海详细分析了钱穆《论语新解》文本，以此书为例，分析了钱穆治学体现出来的辞职、考据和义理的兼顾。④ 学者黄兆强以钱穆作品《中国史学名著》为主，讨论了钱穆的治学精神，认为其治学目的有两点，经国济世和修养心性，"博约"与"会通"是其读书方法的特点。⑤ 学者张元分析了钱穆在史学研究中以"精心"研读而从小见大，从微妙处见世风与人心的治学工夫。⑥

1.2.2 关于钱穆教育思想特质的研究

这部分已有研究主要有两方面。

（1）关于钱穆的学科教育思想

钱穆的学科教学实践主要发生在中国语言教学和历史教学领域，钱穆在

---

① 姜广辉. 整体和谐观中国文化对于人类的永久性价值——读钱穆先生《经学大要》心得[C]//纪念钱穆先生逝世十周年国际学术研讨会论文集. 台北：国立台湾大学中国文学系，2001：39-44.

② Ying-shih Yu. Changing Conception of National History in Twentieth-century China [M]// Lönnroth E, Molin K, Björk R. Conceptions of National History：proceedings of nobel symposium 78. Berlin and New York: Walter de Gruyter，1994.

③ 吴展良. 学问之入与出：钱宾四先生与理学[C]//纪念钱穆先生逝世十周年国际学术研讨会论文集. 台北：国立台湾大学中国文学系，2001：375-410.

④ 徐兴海.《论语新解》对于《论语》学习的意义[C]//钱穆思想学术研讨会论文集. 台北：东吴大学钱穆故居管理处，2005：151-204.

⑤ 黄兆强. 钱穆先生的治学精神——以《中国史学名著》为主轴作探讨[C]//钱穆思想学术研讨会论文集. 台北：东吴大学钱穆故居管理处，2005：285-314.

⑥ 张元. 微窥与深心——钱穆先生思考历史问题的一种方法[C]//钱穆思想学术研讨会论文集. 台北：东吴大学钱穆故居管理处，2005：205-230.

第一章　引言

这两个学科教育中寄托的文化教育思想，成为学者们探索钱穆学科教育思想与实践的主要进点。薛凯指出钱穆在语文教学中提倡"活"的语文教学，提出选编教材的原则"以辞达意，贯古通今，为修养与艺术"，更力图通过语文教育认识自己的文化、自己的历史、自己的社会，尊重自己独有的东西，这些为今天的语文教育改革提供非常有价值的启发。[①]何方昱从钱穆对于中国教育宗旨的定位和由此发展的"文化"和"人才"这两个教育主题，来理解钱穆对于中国语言教学的理解，并强调钱穆在明确知识学习不是中学阶段教育的首要内容的同时，把中国语言学习作为教育内容的重点，突出了钱穆对于以本国语言学习给予的培养爱国感情的期待。[②]顾俊探讨了钱穆的民族文化、文学观与语文教学之间的关系，阐述了语文学科在人文素养养成上的优势，借鉴钱穆的人文教育思想，探讨如何充分挖掘高职语文的人文资源、优化高职语文教学方法及提高高职语文教师人文素养。[③]张维在对1927年至1931年的苏州中学国文教学的研究中，提出当时苏州中学鼓励师生进行深入学术研究的办学导向和对于优秀国文教师人才队伍的建设，为钱穆的国文教学和研究提供了良好的外部机遇。[④]

赵敏俊从钱穆的史学观、历史教学实践的产生背景和经世济用的教育意图分析了钱穆的历史教学实践，抓住了钱穆以历史教学弘扬传统文化精神的教学宗旨，也引申出中国社会的现代化需要依靠本国传统文化资源。[⑤]王志成把钱穆儒学思想与历史教育思想相结合，从儒家思想的角度重新阐释钱穆的历史教育思想，支持钱穆提出历史教育要以事件、人物和时代为中心的历史教学观。[⑥]刘凤琴在总结了钱穆历史教育思想的主要内涵和特点及理论和

---

① 薛凯. 钱穆语文教育思想及实践研究[D]. 苏州：苏州大学，2008.
② 何方昱. 高扬"文化教育""人才教育"——钱穆中等教育思想及实践述要[J]. 历史教学，2005（4）：54-58.
③ 顾俊. 试议钱穆人文教育思想在高职语文教学中的渗透与运用[D]. 上海：上海师范大学，2012.
④ 张维. 苏州中学国文教育研究（1927—1931年）[D]. 武汉：华中师范大学，2015.
⑤ 赵敏俊. 钱穆历史教育思想与实践述论[D]. 上海：华东师范大学，2008.
⑥ 王志成. 钱穆历史教育实践及思想研究[D]. 上海：上海师范大学，2014.

方法的基础上，提出其教育思想启发我们要抱有正确的历史教育宗旨，即研究历史是要研究背后的文化和人。[①]田文丽以钱穆传授历史文化的自觉责任感和本身具备的史学素养来解释其历史教学思想的成因，并以"通人"的培养作为钱穆历史教育育人目标，提出历史教育对于人格教育的重要价值。[②]郭小涛认为钱穆自身对于中国历史文化的认同是其发展出以"人格教育"和"人生教育"为支柱的文化教育思想的根本原因。[③]何成刚从清末民初历史教科书的编写状况出发，提出当时历史教育承担着鼓励民族自信和分辨历史是非问题的重要责任，强调了钱穆以历史教育坚定民族自信的重要时代价值。除了历史教育和文字教育，音乐教育也是一个受关注的点。资利萍以"以乐育人"总结了钱穆音乐美育思想和实践的特点，认为这与其深爱儒家礼乐文化是紧密相关的。[④]

（2）关于钱穆教育思想特质的整体把握

首先，学者们从钱穆对于不同阶段的教育的论述来理解钱穆对于中国教育和中国社会现实发展的联系。钱穆对于中学阶段教育目标的独特性是一个研究热点。何方昱和陆玉芹对于钱穆的中学教育观做了比较充分的说明，涉及提出背景、具体内容，也探讨了钱穆中学教育观对教育独立价值和社会服务功能，教育的人本性和教育的社会选择性等方面的启示。[⑤]陈平原教授、王颖、高静、洪明等认为钱穆创立和发展新亚书院的实践，其主动融合中国传统文教精神和西方大学制度的开放性，是在探寻中国传统人文理念与现代教育的有机融合，是以推动现代教育为根本目的的尝试，这个尝试在近代中国教育探索现代发展道路的历程中，表现出思想的独立性和对于中国教育问

[①] 刘凤琴. 历史不会流亡[D]. 苏州：苏州大学，2011.
[②] 田文丽. 钱穆历史教育思想探析[D]. 曲阜：曲阜师范大学，2012.
[③] 郭小涛. 论立足于传统文化之上的钱穆教育思想[D]. 苏州：苏州大学，2013.
[④] 资利萍. 钱穆的音乐情缘及其音乐美育实践[J]. 美育学刊，2011，02（5）：27-30.
[⑤] 何方昱. 高扬"文化教育""人才教育"——钱穆中等教育思想及实践述要[J]. 历史教学，2005（4）：54-58；陆玉芹. 重外修以强素质 兼内养以铸国魂——钱穆中等教育观及其当代启示[J]. 福建师范大学学报（哲学社会科学版），2009（6）：123-127.

第一章 引言

题根源把握的深刻性，是在中西交流潮流中的重要教育实践。①

其次，学者们以钱穆教育思想中的人文特色来对其整体思想进行定性。学者们基本同意钱穆的教育思想有深厚的人文关怀，可以称为是"人文主义教育"，同时也认为应该分辨西方思想传统下的人文主义教育与钱穆人文主义教育的异同点。②俞启定教授是从"教育价值观"—"培养理想完整的人格""教育宗旨"—"为学与做人融通为一""智识结构"—"'通'重于'专'""治学与师道"—"教人学做人"，这几个方面来解读"人文主义"教育思想特点。③欧阳仕文从教育宗旨、教育旨趣和教学方法三个层面分析了新亚书院的教育特点，提炼出新亚书院的通识教育是"知识教育""人格教育"和"文化教育"的并重。④谭徐锋认为，钱穆的人文主义有两大特点，"民族精神"与"时代精神"⑤，何方昱则认为钱穆的教育思想具有鲜明的儒家重视道德培养的特点，推崇以教育培养人的道德品格，其人文思想的核心是道德养成。⑥学者邓子美、孙群安从钱穆本人的教书经历出发，认为钱穆正是用教书育人的实践行动，践行中国传统人文精神，因此才赋予其教育人生鲜活的生命力。⑦

陈以爱教授通过阐述钱穆关于中国历史上学术与政治相对独立的关系，解读了钱穆对教育独立的看法，并认为钱穆的思想不仅是对当时国民政府控

---

① 陈平原. 大学何为[M]. 北京：北京大学出版社，2006：320；王颖. 论书院精神的现代传承——兼谈新亚书院的办学启示[J]. 河南师范大学学报（哲学社会科学版），2007，34（5）：212-215；高静. 中西高等教育融合——新亚书院的探索[D]. 保定：河北大学，2014.
② 魏兆锋. "不要忘了自己是一个中国人"——钱穆教育思想研究[D]. 上海：华东师范大学，2012.
③ 俞启定. 钱穆人文主义教育思想述要[J]. 河北师范大学学报（教育科学版），1999（1）：30-36.
④ 欧阳仕文. 钱穆教育思想新论——以《新亚遗铎》为中心的考察[J]. 教育评论，2010（2）：156-159.
⑤ 谭徐锋. 钱穆人性化教育思想与实践[J]. 人文杂志，2002（6）：156-160.
⑥ 何方昱. 钱穆教育思想初探[D]. 乌鲁木齐：新疆大学，2003.
⑦ 邓子美，孙群安. 论钱穆独特的人文教育理念[J]. 无锡教育学院学报，2005（Z1）：7-10.

制教育的不满批评，更是发展了源于中国历史事实的教育独立的思想，本质上是在"努力激活中国教育传统"，[①]对当代关于学术独立的思考具有重要价值。谭晓泽通过研究钱穆对于"国学概论"课程的发展，总结了钱穆作为教师的保持学术研究和一线教学同时互相支持，共同发展的发展历程。[②]李晓珊认为钱穆把中华民族精神的本质定位在历史精神和道德精神，把人格教育置于民族精神教育的核心，而理想教育是完整人格教育不可缺少的部分，这启发在当代学校文化建设中，对民族精神的重视是必要的。[③]

钱穆的教师生涯也是一个研究点。马建强对钱穆的小学教师生涯进行了研究，解读钱穆如何把"教书"与"育人"结合在一起。[④]周勇通过综合考察钱穆的受教育经历、十年的小学教师生涯和四年的苏州中学任教经历，展示了钱穆把专业学术研究融合到具体文史课程教学中，获得了极强的教师专业意识。[⑤]陈兴安、江飞、肖立新等学者也在研究钱穆求学经历的基础上，探索其教育思想发展的渊源。[⑥]

1.2.3 总结

在关于钱穆教育思想的研究中，学者们就钱穆对教育目标的认识、对教育内容的理解、对教育最根本意义的认定，都做了比较全面的阐述。学者们基本肯定钱穆的教育目标是要培养有完整人格的、承担中国文化精神

[①] 陈以爱. 钱穆论政学关系[J]. 北京大学教育评论, 2012, 10（2）: 154-178.
[②] 谭晓泽. 思考中的行动：钱穆的中国文化教育道路[D]. 上海：华东师范大学, 2009.
[③] 李晓珊. 钱穆民族精神教育思想研究[D]. 杭州：杭州师范大学, 2013.
[④] 马建强. 钱穆是怎样做小学教师的[J]. 教师博览, 2002（10）: 51-52.
[⑤] 周勇. 小学教师钱穆的专业成长道路[J]. 云南教育（视界综合版）, 2007（6）: 40-43.
[⑥] 陈兴安. 钱穆：从乡村教师到教育家[J]. 课程教学研究, 2014（12）: 4-14；江飞. 钱穆：从小学教师到国学大师[J]. 中国教师, 2011（4）: 14-18；肖立新, 牛伟, 李佳欣. "北胡南钱"之钱穆的人文教育大师风范[J]. 兰台世界, 2015（1）: 103-104.

第一章　引言

的人，也都认可钱穆以中国历史和中国文字教育为中国文化教育的重要载体，强调要以文化教育来培养人才，也认同钱穆对教育在文化复兴中所承担的重要责任的强调。受到已有研究的启发，钱穆教育思想具有的人文关怀激发了本书进一步探索其内涵的兴趣。本书认为，钱穆教育思考的钱穆特色，在已有研究中没有得到充分的阐释，这个不足出现的原因有以下三点：

第一，没有充分把对钱穆教育思考的解读放在他个人的生活历史中展开。理解人的思考，必须理解思考的起点，即思考问题的产生。研究教育思考的产生，也必须研究教育问题的产生。教育问题是教育研究者的主观活动，其主观性，不是随意性，而是基于教育事实，结合时代需要、个人趣味、文化价值而形成的探索兴趣。因此，研究教育家的思想也必须回到其本人的生活历史中。钱穆对教育的思考是一个历史发展过程，需要结合他本人的生活历史，来寻找他为什么采用文化的角度来解读中国教育。

第二，没有把钱穆的教育思考和钱穆的文化思考紧密地联系起来。钱穆对中国文化的思考是有独特性的。钱穆以民族、历史与文化贯通一体，来看中国文化的生命力和中华民族的前途，提倡要重新认识中国文化的长处和短处，中国文化显著的长处特点是入世性的人文关怀，是具体又超越的道德追求，而其短处是物质科学不发达。钱穆不是抱残守缺的保守，也不是"统统把线装书扔进茅厕"的激进，钱穆是重新解释中国文化对人的文化性的启发，以此来说明立于中国文化基础之上中国才有独立精神，才有前途。钱穆对文化的思考也极大地启发了他对教育的思考，可以说，钱穆对教育的思考是与其对中国社会现状和中国文化本质的思考联系在一起的。因此，需要用钱穆自己的文化学说来解读钱穆的教育学说。

第三，没有充分发掘钱穆教育思考的根本旨趣是思考中国教育的现代发展方向。钱穆自己评价当时的中国教育改革，认为在改革依据上有过度模仿之偏，在改革目标上有追求实利之偏，实质上是在反省中国教育改革到底应该依据何种宗旨。钱穆以中国文化论中国教育，不仅是以教育为文化的传播途径，更是在找寻可以支持中国教育持续发展的长久导向。出现这个疏忽的原因，是没有抓住钱穆在思考中国教育的过程中凭借的最核心关键词，这个关键词不是中国文化的泛指,而是中国文化崇尚通达的品格和由此赋予中国教育的融通的内在气质和外在样貌。钱穆在1940年发表的《改革大学制度议》提倡"教育贵在会通",在1950年发表的《理想的大学教育》再提"所谓'通学',即从文化大原来辨认学术分野",在1953年制定的《新亚学规》中,提倡"求学与做人,贵能融通为一",在1975年的《中国学术通义》序言中进一步把中国学问的特色定位在"中国学术乃尚通不尚专。既贵其学之能专,尤贵其人之能通"。[①]

在钱穆看来,"通"构成中国教育与世界沟通的基础。《新亚学规》的短短数语,"从人类文化的广大对象中,明了你的义务与责任;从自己的个性禀赋中发现你的兴趣与才能",以"人类文化之整体,为一切学业事业之广大对象,以自己的天才与个性,为一切学业事业之最后根源";要"日常生活与课业打成一片,内心修养与学业打成一片";不仅要注意课程,应该先注意师长,"因为课程学分是死的分裂的,师长人格是活的完整的","以磨炼来坚定你的意志,以反省来修养你的性情,你的意志与性情将决定学业与事业,这样,成为必有他自己专长的理想的通才",[②]基本解释了教育活动中主要基本要素之间的关系和这份良性互动对于人的全面成长的意义。而新亚书院确实在实现中西文化沟通上实现了颇有价值的突破。因此,钱穆如何从中国文化中提炼出"通"的品格,而又如何把"通"的品格融入中国教育之中,是值得再思考的。

[①] 钱穆. 中国学术通义序[M]//中国学术通义. 北京:九州出版社,2011:4.
[②] 钱穆. 新亚学规[M]//新亚遗铎. 北京:九州出版社,2011:2-3.

1.3 核心概念

1.3.1 中国现代教育

从中国教育发展的历史阶段性来看，中国现代教育发展的开端是19世纪末20世纪初出现的教育转型。此时，中国传统教育与中国社会近代进程的不相适应的现实，推动社会改革延伸至教育领域，而产生教育的观念、理论，制度、内容和方法等多个层面的改革。这个开端给中国教育带来一些基本的现代教育特点，诸如强调面向全社会，同时培养有基本素养的国家成员和培养专门人才。从大概的历史进程来说，以19世纪后半期建立的京师同文馆、福建船政学堂和北洋水师学堂、北洋武备学堂为代表，开启了以建立学堂为主要举措、强调教育的实利价值为主要改革导向的中国近代教育改革历程。1902年颁布的《钦定学堂章程》和1904年颁布的《奏定学堂章程》，基本建立从蒙学到高等教育，涵盖多种实业专业教育的中国现代教育体系，也在推动教育内容的实科化的同时，与当时社会思潮与风气的变化相呼应，为新式学生和知识分子的成长提供了空间，为教育现代化的推进培养了大量人才。民国建立后颁布的新学制使中国现代教育体系基本成熟。

钱穆本人的生命经历了数次大的教育变革，诸如，癸卯学制的推出、清末学堂的发展、壬子学制的推出、新文化运动、抗日战争时期高校内迁，这些教育事件都是中国社会在民族危难之中发展现代教育的重要努力。本书所指钱穆对中国现代教育的思考，是指钱穆对他所处时代的中国现代教育的思考。需要指出，在钱穆到香港后，伴随其思考和实践的依然是对中国教育的关怀，其思想论说依然是在回应他对中国现代教育的思索。

1.3.2 教育的文化性格

什么是"性格"?"性格"的第一个意思是指人的态度和行为方面的比较稳定的特征,第二个意思是泛指特征、特点,这些特征特点有自在的自然的属性,也是在动态形成过程中而产生的。什么是文化?借以英国人类学家爱德华·泰勒的界定,"文化或者文明,是包括知识、信仰、艺术、法律、道德、风俗以及作为一个社会成员所获得的能力与习惯的复合体"。①也有学者认为文化可以分为三个层次:价值层面,包括思想观念和道德伦理;知识层面,包括文字、历史、艺术、科学等;制度层面,包括社会治理法律和政策等,文化是精神气质、思想观念和生活实践等多面而一体的整体。②教育有文化性格吗?文化性格就是由文化赋予的特点。教育与文化之间的不可消除的联系植根于教育的基本社会性。教育是发生在一定社会时空中的人类活动,不管是广义的教育,"自有人类社会以来就已产生;这种教育存在于各种生产和生活活动之中;凡是一切增进人的知识、技能、身体健康以及形成和改变人们思想意识的过程",还是狭义的教育,"教育者按照一定的社会要求,向受教育者的身心施加有目的、有计划、有组织的影响,以使受教育者发生预期变化的活动",③教育都具有历史社会性。

教育的文化性格反映教育与文化形式内在联系,也引导教育对特点文化认可的关于价值和意义的应然状态的追求。④不同的文化语境会赋予教育不同的文化性格。对于教育的文化性格的分辨,可以从教育活动所持的教育概念、关注的教育问题、教育习俗和理念隐喻等方面进行分析。⑤总体来说,教育的文化性格启发教育活动对于个体生命的想象和期待,也指导建立与文

---

① [英]爱德华·泰勒. 人类学:人及其文化研究[M]. 连树声,译. 桂林:广西师范大学出版社,2004.
② 张昭军,孙燕京. 中国近代文化史[M]. 北京:中华书局,2012:导言,1.
③ 南京师范大学教育系. 教育学[M]. 北京:人民教育出版社,1984:18-19.
④ 石中英. 教育学的文化性格[M]. 太原:山西教育出版社,1999:189.
⑤ 石中英. 教育学的文化性格[M]. 太原:山西教育出版社,1999:89.

第一章 引言

化追求相适应的制度，选择整合能够传递文化知识的内容，以及开展各种能够传递文化价值的教育活动，来培养对于文化有认同的个体和社会成员。教育的文化性格是存在于教育活动之内的，能够持续稳定地支持教育活动不断地参与文化传承和创新的。

为什么要探讨教育的文化性格？最直接的回答是，教育的文化性格具有变动的潜力。面对多元文化的交流局面，以及更深刻的文化变迁趋势，教育活动可以主动地思考整个文化的走向以及相应的教育走向。这些思考蕴含了对于教育应然状态的反思，和现有的实然状态与应然状态之间的差距的探求。这些思考的结果，或者使教育成为孕育和创造新文化的力量，或者使教育成为阻挡文化变迁的手段。总之，教育的文化性格是动态生成的，是不断被教育活动者来赋予的。正是这份变动性和随之而来的教育对更大文化形态和更微观的个体教育生活的影响，使探讨教育的文化性格成为必要。

那么，钱穆对于中国教育的思考是不是可以划归为是对中国现代教育文化性格的思考？首先，关于教育文化性格的思考需要揭示教育与文化之间的内在的联系。所谓内在的联系，是文化资源对于涉及教育根本问题的形塑。钱穆关于中国现代教育的培养目标、教育内容以及教育自身发展动力等方面的思考，都充分借助了其关于中国历史文化研究的成果。在这个意义上，钱穆的确是在发掘中国现代教育的文化性格。其次，对于教育文化性格的思考需要以审视教育发展前景为归宿。教育的文化性格是推动教育发展的核心资源。如果教育所受到的文化影响不能持续地推动教育的发展，那么，教育活动呈现的特点并不足以称为文化性格。钱穆对中国教育的思考，不管是对当时他身处的教育活动，还是对中国传统教育的思考，其问题意识是指向中国现代教育的未来发展，是在探索什么样的教育性的特点可以支持中国现代教育的持续发展。换句话说，钱穆在思考和实践中凸显的中国现代教育的种种特点，都与中国文化有内在联系，也都指向中国现代教育的长久发展，从这两方面看，钱穆关于中国现代教育的思考中心是中国现代教育的文化性格。

1.3.3 "通"

"通"字在古代汉语和现代汉语中的意义基本一致。"通"主要表达两个方面的意义。第一,"通"的动词义的基本义是没有堵塞,可以通过,《韩非子·说林下》"道难不通",诸葛亮《草庐对》中"西通巴蜀",也表示传达、沟通,《史记·陈涉世家》"不肯为通",引申义有了解、精通,《后汉书·张衡传》"因入京师,观太学,遂通五经",《柳子厚墓志铭》"子厚少精敏,无不通达"。第二,"通"的形容词或副词义是描述部分与部分的关系和由此而产生的整体性,"言事必言物,言器必言道,言天必言地,言德必言业,形上形下,必通而言之",①《孟子·告子上》"弈秋,通国之善弈者也",也表示共同的、通常的。②

钱穆教育思想中对"通"的使用,主要表述是"通人"与"通学"。

首先,钱穆把"通人"视为一种中国现代教育目标,"须先成为一通人,再求成为一专家,于博通的智识上,再就自己才性所近作专门之进修"。③钱穆认为"通人"是贯穿于中国教育传统的一个核心目标,中国人之教育宗旨及其精神,其主要乃在德,在全人教育,首在培养内在之德,乃为人之体,有体,则对人群自有贡献与作用,④全人也是有完整人格的人,即是"通人"。钱穆以"通人"来表达中国人的人生境界,中国人"言人生,则必言天地。天地人三者之会合,即自然与人文之会合",⑤这种全面的联系构成一个整体,即是"通人"境界,"通人"自成一个小天地。⑥这个小天地就是涵摄人群大生活的个人小生活,这份个人小生活因为与文化大生命的联通,而

---

① 钱穆. 中国史学三[M]//现代中国学术论衡. 北京:九州出版社,2011:116.
② 王明仓. 常用古汉语词典[Z]. 西安:陕西人民出版社,2003. 346-347.
③ 钱穆. 新亚学规[M]//新亚遗铎. 北京:九州出版社,2011:1.
④ 钱穆. 略论中国教育学 三[M]//现代中国学术论衡. 北京:九州出版社,2011:173.
⑤ 钱穆. 略论中国社会学 一[M]//现代中国学术论衡. 北京:九州出版社,2011:193-197.
⑥ 钱穆. 历史地理与文化[M]//中国文化丛谈. 北京:九州出版社,2011:16-28.

获得人文意义。成为"通人",需要修养功夫,是由己达人的过程。

其次,钱穆用"通学"来描述中国治学传统之下的学问境界,中国思想贵主通,经与史通,经史皆文章。经史与文学通。四部之学互通,[①]也用"通学"来描述治学工夫,"逐处各自依文看之,便见各自有个道理,不仅不相碍,久之自会通。读书先贵彻了,彻了后自会疑,疑后自有见,有所见,自不容不立论。此是读书循序渐进必有之境界。故朱子教人读书虚心,并非要人读书无主见"。[②]

最后,"通学"与"通人"之间的关系,在钱穆看来是相辅相成的,"治学是从学之后来认识人,再来完成自我,待其完成自我,自会由其人展演出一套学"。[③]追求学问,离不开坚守共通的为人之道,"故言学术,中国必先言一共通之大道",这一个共通大道即是为人之道,中国人观念若无人群共通大道,此宗教科学各学又何成立而发展;[④]追求人格完善,离不开做学问,"当知最可训练我们做人者,即在刻实做学问"。[⑤]

1.4 研究思路

通过以上的解读,我们已经知道:第一,钱穆的关怀是推动中国现代教育的发展;第二,钱穆对中国现代教育的关怀是通过以中国文化精神来充实和中国现代教育的文化内涵来落实;第三,钱穆对"通"的表述很多,也很关键。因此,本书的论述重点是解释钱穆认为的教育之"通"是什么,来充

---

① 钱穆. 略论中国哲学 二[M]//现代中国学术论衡. 北京:九州出版社,2011:33-37.
② 钱穆. 朱子读书法[M]//学籥. 北京:九州出版社,2011:21-23.
③ 钱穆. 学与人[M]//历史与文化论丛. 北京:九州出版社,2011:137.
④ 钱穆. 略论中国哲学 二[M]//现代中国学术论衡. 北京:九州出版社,2011:33-37.
⑤ 钱穆. 学问与德性[M]//中国学术通义. 北京:九州出版社,2011:318.

实中国现代教育的文化内涵。第一，钱穆为什么建立中国现代教育与中国文化的联系；第二，钱穆认为"通人"与"通学"具有什么样的内涵以解决中国现代教育发展的问题；第三，钱穆希望借由"通人"与"通学"提供什么样的教育目标，这样的教育目标对于教育自身发展来说，具有何种意义。

  本书的论述围绕上文中提到的三个问题，但是钱穆对这三个问题的思考是伴随其一生的，如何抓住钱穆思考的重点是本研究展开的关键。思想的产生和发展离不开具体的历史情景，因此，以钱穆个人经历和中国社会的重要事件为基础而形成的生存时空线索，是本研究确立分析框架的主要依据。

  钱穆人生的时空线索有四个主要阶段。第一个阶段是积累中国文化知识的少年求学阶段。1901—1911年是钱穆的少年求学阶段，在此期间，钱穆一方面继承了父辈热爱读书治学的态度，另一方面接受了教育质量很高的中小学基础教育，这些积累是钱穆日后走上学问研究与教书育人事业的重要起点。这个阶段也正是中国现代教育改革的起步阶段，科举被废除，建立中国的第一部现代学制和发展新学堂，推动了中国社会文化理念的变迁。虽然中国现代教育发展与中国本土文化之间的关系问题在这一时期已经出现，但是钱穆本人并没有意识到这个问题的"问题性"。第二个阶段是1912—1948年期间在中国大陆专职授课阶段。钱穆在这时期担任了小学教师、中学教师和大学教师，讲授的课程涉及中国历史、文学、政治多种内容，在学术研究方面也是成果颇丰。1930年以前，钱穆思考的教育问题主要是国文教学问题，也以探究国文教学为契机，发现中国文化对于中国教育的价值。自1930年起，钱穆开始大学执教生涯。随着中国社会陷入了深重的民族危机之中，教育承担的救亡责任开始凸显。钱穆对教育思考的重点落在以中国历史教育振奋青年学子的中国文化自信心。第三个阶段是在1949年前往香港创办新亚书院。钱穆在香港的办学实践一方面是在践行他之前提出的教育设想，另一方面也继续推动他更深入地认识中国本土文化和中国现代教育之间的关系。这一时期钱穆关于中国现代教育需要从中国文化中汲取何种营养的思考，开始融于他对中国学问本质和为人之本的论述中。第四个阶段是自1965年定居中国台北开始的讲学阶段。这一时期钱穆对于中国教育的思考，延续上一个阶段的哲思风格，继续在中国文化哲学层面理解中国教育的根本和未来。

第一章 引言

思想者的生存经历线索并不能充分揭示思想发展的运动轨迹，思想的闪光点必须经过归纳与提炼才能得出。本研究结合钱穆思考展开的历史时空线索，确定通过以下四个主题来分析钱穆的教育思想。第一个主题是"钱穆教育思考的起因：中国现代教育的文化性格之待定"，从中国教育发展的历史语境出发，证明钱穆对中国教育的文化思考是具有现实意义的思考。第二个主题是"文史课程教学：以'学术精神'贯通'文史知识'"。虽然钱穆一生都在从事与中国经史子集等学问相关的研究与教学工作，但是钱穆在1912年至1937年间寻求的以"学术精神"为教学立意的原则，反映了钱穆关于中国传统学问的教学价值的思考，是其关于中国教育文化内涵的第一个重要思考结晶。第三个主题是"'通人'教育目标：联通个人成才与文化大原"。在钱穆对于国文和历史课程教学的讨论之外，钱穆明确针对中国教育改革状况的论述集中出现在20世纪40年代。在这些论述中，钱穆结合对文化研究的心得，提出中国教育需要为中国文化的再发展做出贡献。钱穆在对中国教育改革现状展开反思之后，提倡以"通人"与"通学"来促进中国教育的文化内涵，实质上是在探讨中国现代教育应该树立何种人才观和课程观等问题。第四个主题是"从教育实践到教育哲思的升华：'通'指向人的文化创造"。思考与实践是相互推动的。创办新亚书院是钱穆对前期教育思考的一个践行，而他关于新亚书院办学过程的思考也更生动地触及中西文化交流的问题。"通人"与"通学"作为一种关于人与学的境界的设想，也在引导钱穆的教育实践。钱穆把中国教育之本锚定在中国人文精神之上，其源头是中国文化精神。这样，中国教育与中国文化有了最深切的联系，也因此，中国教育应该承担起复兴中国文化的责任，而中国人文精神内涵的"通达"资源，使得中国教育有潜力成为中西沟通的桥梁。

关于这四个主题的具体论述，分别构成本书的第二章、第三章、第四章、第五章。本书第六章是结论部分。本书第二章是以展示20世纪初中国学界的中西文化比较意识，来说明中国文化已成为被反思之"物"。在这个背景下，中国传统文化的意义系统不再是中国教育改革的唯一的文化依据。中国早期现代教育在文化性格上的待定性，也在钱穆的少年求学经历中得到反映，并触动了钱穆对于中国文化的思考。本书第三章讨论了钱穆在文史教学中力求"以学见人"和彰显中国学术精神的教学旨意，是其以后提出"通人"与"通学"的重要实践基础。第四章讨论了钱穆对"通人"教育目标的必要性和实现的可能方法的思考。钱穆在20世纪40年代转向文化研究，以会通"历史"与"文化"的方法来研究中国文化。钱穆对中国文化的研究加强了他对人的文化性的思考。这份思考与其对当时中国教育的反思相结合，成为推动他提出"通人"教育目标和相应的课程设想的思想动力。本书第五章讨论了钱穆在新亚书院的办学实践和对中国教育应该承担的价值追求的思考。新亚办学时期的钱穆表现出更博大的沟通中西文化的文化理想，在具体的办学实践上，对课程和校园建设都做了有益的探索，也针对现代教育的问题，提出了以"性情和事业相通"的途径，来培养"通人"。同时，钱穆也通过解释中国教育的"通"品，揭示了中国教育应该有的价值追求，就是对人的存在、对知识的理解、对教育事业本身价值的人文关怀。本书第六章结论主要讨论钱穆的教育之"通"对于今天的教育思考和实践的启发。

1.5 研究方法

  文本是思想的载体。研究钱穆的思想，必须依靠钱穆本人的著述。但钱穆著述文章近千种，如何确定适用于本研究的文本，需要一个选择方法。这个选择方法是依据钱穆思想展开的时空线索，结合钱穆的相应文本，寻找钱穆对中国现代教育思考的关键观点，是本研究采用的主要方法。另外，其他学者对钱穆的研究成果也是本研究参考的文献资料。

  本研究的钱穆思想文本来源主要是2011年7月北京九州出版社出版的《钱穆先生全集（新校本）》。这个版本是以台湾联经出版事业股份有限公司在1998年出版的《钱宾四先生全集（54册）》为根据，在进行了重新校对和订正存在的疏误之后，在保持内容和钱宾四先生全集编辑委员会的注解说明等原貌的情况下，重新再版。

  遵循上述的历史线索，在文本选择方面，结合钱穆本人执教经历和学术

第一章　引言

研究阶段性特点来确定主要的研究文本。研究文本主要涉及以下四个主题，以文本题目和出版年份来表述：

第一个主题是钱穆的教学成果和关于学科教育问题的思考，主要包括（1）专著：《论语文解》（1918），《论语要略》（1925），《孟子要略》（1926），《国学概论》（1931），《中国近三百年学术史》（1937）；（2）报刊或期刊文章：《中等学校国文教授之讨论》（1920），《编纂中等学校国文科公用教本之意见》（1925），《历史与教育》（1937），《中国历史教学》（1957）。

第二个主题是钱穆对于中国教育的整体思考，主要包括报刊或期刊文章《学问与生活》（1934），《历史与教育》（1937），《改革大学制度议》（1940），《革命教育与国史教育》《改革中等教育议》（1941），《从整个国家教育之革新来谈中等教育》（1942），《中国传统教育精神与教育制度》（1942），《新原才》（1942），《理想的大学》（1943），《如何建立人文科学》（1947），《理想的大学教育》（1950），《中国历史上的教育》（1951），《自由教育》（1954），《在现代如何做一个大学生》（1954），《关于提倡民族精神教育的一些感想》（1955），《当前的香港教育问题》（1956），《从西方大学教育看西方文化》（1956），《一所理想的中文大学》（1963），《中国教育制度与教育思想》（1968），《青年的责任》（1970），《中国知识分子的责任》（1971），《中国历史上的传统教育》（1974），《中国教育思想史大纲》（1984），及《新亚遗铎》收录的钱穆在新亚书院办学期间的演讲、讲座和登载在《新亚校刊》上的文章。

第三个主题是钱穆对于中国治学传统的哲理思考，主要包括《近百年来之读书运动》（1935），《中国史学精神》（1950），《中国智识分子》（1951），《朱子读书法》（1955），《学术与心术》（1955），《知识之两方面》（1956），《略论孔学大礼》（1956），《本论语论孔学》（1956），《择术与辨志》（1959），《知识技能与理想人格完成》（1959），《为学与做人》（1959），《关于学问方面之智慧与功力》（1961），《读书与做人》（1962），《学问与德性》（1962），《学与人》（1962），《学术与师道》（1962），《学术与风气》（1962），《泛论学术与师道》（1962），《有关学问之系统》（1962），《学问之入与出》（1963），《推寻与会通》（1963），《儒学与师道》（1965），《中国之师道》（1969），《史学导言》（1970），《学问之三方面》（1970），《论史学所备之一番心情》（1970），

《孔子为人及其学与教》(1974),《学术与人才》(1971),《事业与性情》(1971),《读书与游历》(1976),《中国学术特性》(1976),《教师节感言》(1980),《中国之师道》(1987),《中国传统文化之师道》(1986)。

第四个主题是钱穆的文化学研究,主要包括(1)专著《国史大纲》(1940),《中国文化史导论》(1943),《湖上闲思录》(1948),《文化学大义》(1950);(2)报刊或期刊文章,《东西文化学社缘起》(1941),《东西人生观之对照》(1941),《中国文化与中国青年》(1941),《中西文化接触之回顾与前瞻》(1941),《世界文化之明日与新中国》(1942),《东西文化之再探讨》(1942),《中国今日所需的新史学与新史学家》(1943),《中国固有哲学与革命哲学》(1944),《新时代的人生观序》(1947),《中国文化问题》(1948),《人生三路向》(1949),《世界文化的远景》(1951),《道德与艺术》(1951),《如何探究人生真理》(1952),《中国思想之主流》(1953),《中国儒家思想对世界人类新文化应有的贡献》(1955),《中国社会的礼俗问题》(1956),《人类文化之展望》(1956),《中国文化与人文修养》(1959),《中国传统思想中的几项共通特点》(1959),《从人类历史文化来讨论中国之前途》(1960),《中国儒学与文化传统》(1961),《中国历史上关于人生理想之四大转变》(1962),《中国文化与中国人》(1963),《中国文化体系中之艺术》(1964),《历史地理与文化》(1965),《人生四阶层》(1966),《人之三品》(1966),《漫谈中国文化复兴》(1966),《本论语论孔学》(1966),《中国的人文精神》(1967),《复兴中国文化人人必读的几部书》(1967),《中国文化与人之修养》(1968),《中国文化之成长与复兴》(1968),《人物与理想》(1969),《中国传统文化中之道德精神》(1969),《历史上之人物》(1970),《怎样做一个中国人》(1970),《中国文化与科学》(1971),《中国文化特质》(1973),《人类文化与东方西方》(1974),《生活行为事业》(1975),《人生三阶层》(1979),《略论中国哲学(一)(二)》(1983),《略论中国艺术》(1983),《中国文化特质》(1983),《中国历史精神》(1983),《略论中国心理学(一)(二)》(1984),《略论中国史学(一)(二)(三)(四)》(1984)。

在以上列举的核心文本之外,钱穆所著其他方面的作品也是本研究的参考资料,在此不一一例举。

1.6 研究价值与不足

思想研究是有必要的。思想者的思想是在历史中的叙述，这些叙述把过去发生的事情置于特定观察、叙述范式之中而成为一种历史的叙事。这样的叙述为我们今天提供了用于观察往事和历史的角度，更重要的是可以启发现在的人如何应对周遭和将来的未知世界。不同于自然科学研究可以在实验过程中不断修改条件，社会生活的不可试验性决定人文社会科学的研究必须具备历史感，从历史中挖掘可以加深我们对人类社会的反思和发现的角度，这是思想研究的重要价值。

研究钱穆的思想和实践，首先是能丰富我们对教育历史的研究。教育的历史就是教育事业中的人的历史。清末民初至20世纪早期，这一段时期是中国社会进程中一个特殊的转变期，转变的不仅仅是社会制度，还有中国人对国家民族的认识，从个人行为到心理偏好，最终深入到价值观都处在激荡争论中。中国教育也面临改革，从传统教育中走来的老先生们和已经开始接受新思想新学问的青年人，都在思考如何建立一个适应现代中国的教育制度和培养具有现代意识的教育精神，他们的所思所想所做无疑是中国现代教育的开端和萌芽，通过研究钱穆的教育思想和实践，能折射中国现代教育的起点和别样的发展路径。

其次，能帮助我们在如今纷繁的"中国文化热"中抓住中国文化和教育的本质。我们的确需要文化来充实教育的人文内涵，但确定借鉴文化中的何种蕴意，需要以理解教育的问题为前提。钱穆的教育思想和实践，涉及从办学层面的课程建设和校园生活组织，到思考中国教育的根本宗旨，以及在中西交流中，中国教育如何以本土文化作为立足点，在发扬中国文化本色的同时，与世界建立对话交流等内容，也是在回答这些问题。钱穆的思考和实践对我们思考今天的中国教育事业如何传递文化，如何在整个国家文化建设的全局中认识教育承担的文化传承责任，以及更微观的课程建设的文化维度，都有重要意义。

本研究的主要不足有三点。第一，钱穆对于中国古典学术和文化哲学的研究非常深刻，笔者由于学识有限，没有更深层地对钱穆在这方面的思考展开评述，还是侧重理解钱穆在具体的教学过程中表达得更根本的教育意识。第二，20世纪初的中国处于重建意义秩序的摸索中，教育成为各界人士表达对文化前途走向的一个平台，这一时期中国教育改革也呈现出异常丰富的局面。因此比较钱穆与其他同时代中国学者的教育思想与实践，是认识钱穆以及那个时代的一个较好途径，由于能力有限，这方面的研究在本书中没有展开。这也提示本研究进一步拓展的方向，以钱穆的思想和实践为入口来探索那个时代关于教育改革的选择，同时，在世界范围内，不同国家在教育现代化开端所面临的冲突之中，对于本国文化是如何取舍和再阐发，都是本研究在将来可能发展的方向。第三，在不可逆转的教育全球化潮流之下，教育事业的难题也被"普及化"，如何以各民族各国家的文化思想资源来解决这些共同的问题，将会是另一个全球化的新主题。钱穆对教育的思考触及人类面临的共同问题，这部分的讨论在本书中没有展开，希望在以后的研究中，能把钱穆的思想和实践放在更大的当代教育格局中，与依然在动态形成中的当代实践相对比，进一步理解教育的文化内涵之于教育样态提升的意义。

第二章 钱穆教育思考的起因：
中国教育现代转型文化性格之待定

钱穆晚年回忆儿时在果育学校与当时的体操老师钱伯圭先生的一段交往，伯圭老师得知少年钱穆能读《三国演义》，即劝说钱穆不要再读，因为"此书一开首即云天下合久必分，分久必合，一治一乱，此乃中国历史走上了错路"，而"如今欧洲英法诸国，合了便不再分，治了便不再乱，我们此后正该学他们"。①这番简单的对比令钱穆感到"如巨雷轰顶，全心震撼"，东西文化孰得孰失，成为钱穆毕生从事的学问，"从此七十四年来，脑中所疑，心中所计，全属此一问题"。②

东西文化比较得失不仅是对钱穆自己构成问题，更是"围困住近一百年之全中国人"。③"文化"一词在汉语中最初的意思是指社会人伦。20世纪初，

---

① 钱穆. 八十忆双亲 师友杂忆[M]. 北京：生活·读书·新知三联书店，2012：49-50.
② 钱穆. 八十忆双亲 师友杂忆[M]. 北京：生活·读书·新知三联书店，2012：50.
③ 钱穆. 八十忆双亲 师友杂忆[M]. 北京：生活·读书·新知三联书店，2012：50.

"文化"作为表达精神意识世界特点的一个概念,成为中国知识分子反思中国社会的一个重要角度。如何改变和守护中国文化成为一个问题,引来许多谈论,却没有共识性的结论。正是这纷乱却深刻的文化争论,成为20世纪初中国教育改革的重要推动力。自洋务运动开始,中国教育改革就成为国家求富求强的重要努力方向。洋务学堂大量引进"西学",是为了引进新的科学技术和社会治理工具。但是当中国社会改革要触及文化精神层面,中国教育需要接纳的不仅是新奇的课程,还需要接纳崭新的"价值"。在摸索和建立新的价值导向的过程中,中国教育开始了寻找文化定位的探索。废科举和建新学堂成为这个探索迈出的第一步。"废科举"割断了中国教育与中国文化在一些方面的"有形"联系,而"兴学堂"为中国教育寻找新的价值导向打开空间。

钱穆1901年在家中私塾接受启蒙教育,1904年入读新式小学,1911年离开中学校园结束求学。钱穆的上学生涯时间虽短,但从其所经历的诸多故事中能看出当时中国教育是一个承载着巨大张力的能量场。同时,钱穆在这段时日不长的学习经历中,形成了基本的治学态度和趣味,为其日后的为学为师奠定了方向。

2.1 20世纪初期中国文化的趋变

中国语汇"变化"由两个字"变"与"化"组成。作为"变"意指状态形貌产生差异,而"化"表示这些差异的形成是一个渐进的过程,所谓"化是变之渐",[①]这个过程是"变"的主体主动吸收融合差异的过程,因此与单纯的"变"相比,"变化"的出现一定是涉及更本质内容的"变",正是"变

---

① 张岱年. 中国哲学大纲[M]. 南京:江苏教育出版社,2005:111.

第二章　钱穆教育思考的起因：中国教育现代转型文化性格之待定

易见易知，化不易见不易知，须长时间之蕴蓄孕育。"①文化是人类生活各方面的整合体，而人的生活中会不断出现新鲜事物，会经常有"变"，但身处在"变"之中的人，感受到的是这些具体的"变"，而所谓文化变化往往是后来对这些"变"进行反思之时，做出的一个判断，即这些"变"具有文化意义。因此，今天讨论20世纪初的中国文化变化已经隐含了一个判断，即中国社会经历的变化具有文化意义，具有改变人的价值、思维和具体行为方式及社会交往结构的影响。

20世纪初中国社会诸多变化的起点是鸦片战争后中国主动引进的"西学"这一新事物。明末清初，中国社会出现了以"西学"一词为专有名词的著述，比如《西学修身》《西学治平》。这些书籍里的西学是指来自西方欧洲的学问，包括西方的知识、思想观念、学术、宗教等等。1757年，清政府宣布"海禁"，只允许在广州一地的一个口岸进行海外贸易，中国民间与外国的交往几乎全部被阻断。西学再次大规模进入中国，是在鸦片战争时期。正是在主持禁烟运动的过程中，林则徐（1785—1850）意识到自己对外国情况的无知，便开始请专人翻译外国报纸和书籍，诸如在广州和澳门由外国人出版的新闻报纸，比如 The Canton Press, The Canton Register 和 The Chinese Respository，以及与外国法律有关的《各国律例》《世界地理大全》，②以更多地了解外国。

第一次鸦片战争的失败刺激更多的开明知识分子认识到学习西方的科学技术，是对付侵略的重要方法。魏源（1794—1857）提出"善师四夷者，能制四夷，不善师外夷者，外夷制之"③：学习的具体内容是西方的军事技术，"夷之长技三：一战舰，二火器，三养兵练兵之法"，学习途径首先是翻译西方书籍，"欲悉夷情者，必先立夷馆，翻夷书始"，④其次是"置造船厂、火

---

① 钱穆. 晚学盲言（上）[M]. 桂林：广西师范大学出版社，2004：80.
② 杨国桢. 林则徐传[M]. 北京：人民出版社，1995：217, 615–616.
③ 魏源. 海国图志叙[G]//璩鑫圭, 童富勇. 中国近代教育史资料汇编（教育思想）. 上海：上海教育出版社，1997：9.
④ 魏源. 海国图志叙[G]//璩鑫圭, 童富勇. 中国近代教育史资料汇编（教育思想）. 上海：上海教育出版社，1997：10.

器局",聘请法国、美国工匠"司造船械",聘请西洋师傅"司教行船演炮之法"。为促进军事技术的学习,魏源提出增加科举考试的内容,"武试增水师一科,有能造西洋战舰、火轮舟,造飞炮、火箭、水雷奇器者,为科甲出身"。[1]从魏源的思考可以看出,来自西方的技术逐渐成为当时的中国人在考虑本国前途时主动借鉴的知识来源。

1895年甲午战争失败警示洋务运动的成果甚微,更大规模的"求变"以增强国力成为维新者的共识。1895年,严复发表《救亡决论》,呼吁"继自今中法之必变,变之而必强,昭昭更无疑义,此可知者也。至变于谁氏之手,强为何种之邦,或成五裂四分,抑或业归一姓,此不可知者也";[2]梁启超也呼唤"变者,天下公理也……变亦变,不变亦变。变而变者,变之权操诸己……不变而变者,变之权让诸人",[3]在严复看来,即使不知道"变"的结果如何,也一定要变,在梁启超看来,"变"是一定会发生的人类社会现象,如果自己不主动变,就会由别国别人来主宰这"变"的命运,因此必须自己主动变,可见对于变的强烈要求在甲午战败后十分高涨。1898年,梁启超发表《变法通议》,涉及各个领域的"变"。虽然戊戌变法失败,但内在于"求变"的关于独立自由的个体生存意义的昭示,"身贵自由,国贵自主",[4]"唯天生民,各具赋禀,得自由者乃为全受",[5]这些理念为进一步的社会变革提供了动员资源。

文化是人的文化,文化改革必定与改变人的思想与行为联系在一起。有志于推动中国社会改革的知识分子认识到普通百姓也要对国家命运和前途有所觉悟,因此鼓励更多的民众加入社会改革的责任中。梁启超以"国民"

---

[1] 魏源. 海国图志叙[G]//璩鑫圭,童富勇. 中国近代教育史资料汇编(教育思想). 上海:上海教育出版社,1997:10-11.
[2] 严复. 救亡决论[G]//严复集. 胡伟希,选注. 沈阳:辽宁人民出版社,1994:68.
[3] 梁启超. 变法通议[M]//饮冰室合集文集之一. 北京:中华书局,1989:8.
[4] 严复. 原强[M]//论世变之亟—严复集. 胡伟希,选注. 沈阳:辽宁人民出版社,1994:24.
[5] 严复. 论世变之亟[M]//论世变之亟—严复集. 胡伟希,选注. 沈阳:辽宁人民出版社,1994:3.

第二章 钱穆教育思考的起因：中国教育现代转型文化性格之待定

来唤醒普通大众的责任意识，"国民者，以国为人民之公产之称也。国者积民而成，舍民之外，则无有国。以一国为人民，治一国之事，定一国之法，谋一国之利，捍一国之患，其民不可得而侮，其国不可得而亡，是之谓国民。"①这里包含的"国为民有""国事民治""国利民享""国患民捍"是从国家与民众需要承担的责任的角度定义"国民"的核心内涵。更通俗的说法是，"天下是我们百姓的天下，那些事体全是我们百姓的事体"，所以，"我们既做了百姓，无论什么事，大家都有关系的。有一件好，是大家的好；有一件歹，就是大家的歹"，②以来鼓励民众担任责任，"若各位种田的，做手艺的等，以及孩子们、妇女们个个明白，个个增进学问，增进见识，那中国自强就着实有希望了"。③

最普通的平民大众所具有的参与社会改革的能力被发掘，并且在一系列实践活动中得以培养，"现代有一绝大的潮流，逼于社会生活的种种方面：政治、社会产业、教育、美术文学、风俗，乃至服装服饰等，没有不著他的颜色的。这是什么？就是那风靡世界的'平民主义'"。④比较通行的社会大众教育方法是推行白话文、办通俗的时事报纸和开办演说会。梁启超在1898年写成的《论幼学》中就批评口头语和书面语的差异会导致阅读本身变得困难，"今人出话皆用今语，而下笔必效古言，故妇孺农氓，靡不以读书为难事"，⑤提出用口头语方言写文章，使更多的没有正式在学堂读书的老百姓也知道时事时势。裘廷梁也说"白话行而后实学兴。实学不兴，是谓无民。"⑥据学者方汉奇统计，从1898年到武昌起义前，白话文报纸达到200种以上，⑦

---

① 梁启超. 论近世国民竞争之大势及中国前途[M]//饮冰室合集文集之四. 北京：中华书局，1989：56.
② 张枬，王忍之. 辛亥革命前十年间时论选集 第一卷下册[M]. 北京：生活·读书·新知三联书店，1960：608.
③ 张枬，王忍之. 辛亥革命前十年间时论选集 第一卷下册[M]. 北京：生活·读书·新知三联书店，1960：604.
④ 李守常. 平民主义[M]. 上海：商务印书馆，1926：1.
⑤ 梁启超. 论幼学[M]//饮冰室合集文集. 北京：中华书局，1989：46.
⑥ 耿云志. 近代中国文化转型研究导论[M]. 成都：四川人民出版社，2008：216.
⑦ 方汉奇. 中国新闻事业编年史[M]. 福州：福建人民出版社，2000：2583-2826.

这一时期的白话文报纸内容主要是关于维新改革的思想宣传。开展演说会也是一个平民教育的途径,"比起开学堂,演说可以容纳更多人,不读书、不识字的人都可以听演说,所以演说的效用很大"。①秋瑾曾说,"开化人的知识,感化人的心思,非演说不可",②强调说不识字的人,听演说可以知晓天下事。使用平民百姓能听懂的语言进行宣传,实质上是在用平民的语言解释知识。无数个体将越来越多地参与到社会历史的改革历程中,也将开始有意识地思考关于个人的生活选择。

2.2 中国早期现代教育改革的"废"与"兴"

从中国教育现代转型的历程看,早期阶段大致是从清末新政至民国成立。在中国文化成为20世纪初的中国社会一个颇为纠结的问题时,中国教育也成为中国文化改革的参与者。兴起于洋务运动时期的办学堂,在发展过程中不是没有遇到困难。以最早开设的同文馆为例,1866年12月奕䜣提议在同文馆增开天文算学馆,即增加天文算学的专业学科,并请外国教师进行讲授,1867年同治皇帝的老师倭仁上奏反对,认为中国本土的天文算学知识最好,"舍中国而师夷"是"自卑尊人"。③奕䜣争辩认为西方的算学是西方技术的基础,"西人制造之法,无不由度数而生。……机器诸法,苟不藉西士为先导,……窃恐师心自用,枉费钱粮,仍无裨于实际"。④这场争论历经半年,结果是天文算学课程得以开设,不过算学一科是直到1868年才真正开设,而开设仅半年,学生数量只剩10名。在民间,同文馆开办初期,"因为

---

① 刘志琴. 近代中国社会文化变迁录 第2卷[M]. 杭州:浙江人民出版社,1998:255.
② 秋瑾. 演说的好处[M]//秋瑾集. 北京:中华书局,2015:18.
③ 邹小站. 西学东渐:迎拒与选择[M]. 成都:四川人民出版社,2008:367.
④ 张昭军,孙燕京. 中国近代文化史[M]. 北京:中华书局,2012,60.

风气未开，无人肯入，大家以为学了洋文，便降了外国，所以在设立的起初20年里，所有的学生都是由各旗强迫调来"。[1]随着洋务运动兴办实业和中外民间贸易的展开，中国社会对"洋人"的东西接受度增加，1882年一位外国商人写道："几乎没有一个中国人的家庭不用一些尽快洋货……至少要使用煤油做室照明。"[2]民间风气的开放转变也促使大家更愿意入读洋务学堂。1885年，京师同文馆招生，报名人数达到394人，初试标准是"文理通顺，粗通天文、算学、化学、洋文"，初试选定150名，后又复试，最终录取108人，而到1890年，江南水师招生标准提高，不仅要求年龄在13~20岁，还要曾习英文三四年，考试科目有英文、翻译、地理和算术。[3]到甲午战争以前，以新学堂为代表的教育机构几乎遍布中国主要城市。[4]甲午战争清政府战败以后，改革教育进一步成为中国社会求变求强的途径，1895年严复直言"如今日中国不变法则必亡是已。然则变将何先？曰：莫亟于废八股。夫八股非自能害国也，害在使天下无人才"，[5]而"变法之本，在育人才；人才之兴，在开学校"，[6]也是梁启超变法图景的重要内容。推动社会改革成为甲午战争之后中国教育改革的主要牵引力。为了变法图强，一批学会、学堂、进步报刊纷纷出现，使得社会风气更加趋于维新。

2.2.1 兴"学堂"而废"科举"

戊戌变法失败之后，又遭遇庚子事变，面对越来越严重的危机，1901年

---

[1] 齐如山. 齐如山回忆录[M]. 上海：上海文艺出版社，2014：28-29.
[2] 邹小站. 西学东渐：迎拒与选择[M]. 成都：四川人民出版社，2008：379.
[3] 邹小站. 西学东渐：迎拒与选择[M]. 成都：四川人民出版社，2008：380.
[4] 邹小站. 西学东渐：迎拒与选择[M]. 成都：四川人民出版社，2008：156-159.
[5] 严复. 救亡决论[M]//论世变之亟—严复集. 胡伟希，选注. 沈阳：辽宁人民出版社，1994：55.
[6] 梁启超. 变法通议[M]//饮冰室合集文集之一. 北京：中华书局，1989：13.

年初，清廷再次决意变法，"法令不更，锢习不改，欲求振作，须议更张"，[①]发展新式学堂成为教育改革的重点。1901年7月光绪下通谕："除京师已设大学堂应行切实整顿外，着各省所有书院，于省城均改设大学堂，各府及直隶州均改设中学堂，各州县均改设小学堂，并多设蒙养学堂。……以纲常大义为主，以历代史鉴及中外政治、艺学为辅，务使心术纯正，博通时务，讲求实学。"[②]1901年9月，袁世凯上奏办山东大学堂，建议在大学堂内设备斋、正斋、专斋，分别对应小学堂教授浅近之学、中学堂教授普通之学和大学堂教授专门之学；把中国经史，外国政治学、法学、外语课程和现代自然科学以及医学，作为与相应教学层次适应的授课内容，纳入整个学堂体系。[③]1902年，光绪皇帝颁布《钦定学堂章程》，规定了从蒙学堂，小学堂、中学堂、高等学堂，和实业学堂、师范学堂、法政学堂、方言、医学、体操、美术等专门学堂，以及女学堂等各级各类学堂教学的目标和内容，总体上是建立了同时兼顾普通民众教育、高级人才教育和农工技术人才培养的教育系统。[④]

但学堂的发展受到科举考试的负面影响。1903年3月袁世凯和张之洞鉴于当时各地对于办学堂"观望迁延，敷衍塞责，或因循未立，或立矣而未备"的状况，指出"学校之敌而阻碍之也，实莫甚于科举"，因为科举考试不排除能侥幸而期，获得功名必带来利禄好处，而在学堂读书一方面是内容多，一方面是时间长，所以"不肯身入学堂，备历艰苦。盖谓入学堂亦不过为得科举地耳"。[⑤]另外，只靠国家经费来筹办兴建学堂，力量有限，而地

---

① 璩鑫圭，唐良炎. 学制演变——中国近代教育史资料汇编[G]. 上海：上海教育出版社，1991：3.
② 璩鑫圭，唐良炎. 学制演变——中国近代教育史资料汇编[G]. 上海：上海教育出版社，1991：5-6.
③ 璩鑫圭，唐良炎. 学制演变——中国近代教育史资料汇编[G]. 上海：上海教育出版社，1991：42-43.
④ 璩鑫圭，唐良炎. 学制演变——中国近代教育史资料汇编[G]. 上海：上海教育出版社，1991：233，235，252，263，270，281.
⑤ 璩鑫圭，唐良炎. 学制演变——中国近代教育史资料汇编[G]. 上海：上海教育出版社，1991：524.

第二章　钱穆教育思考的起因：中国教育现代转型文化性格之待定

方士绅办学不积极，原因也在于注重科举，"父兄以是勖子弟，乡党以是望侪偶，但使荣途不失，何暇远虑深谋"。[①]因此，每逢科举考试举行，学校便停课，因为师生都要赴考，这也导致学生流失，比如山西大学堂中斋在1902年开办时有学生200人，在1902年、1903年的两届科举考试中，考中举人的有70多名学生，这些学生都中断学习而退学进入仕途。[②]1904年1月，张百熙等人再提议递减科举出身名额，直接原因依然是办学堂筹款难，"经费所以不能捐集者，由科举未停……科举若不变通裁减，则人情不免观望，绅富孰肯筹捐，经费断不能筹，学堂断不能多"，并指出学堂教育不会荒废"中学"，"经学、史学、文学、理学，无不包举"。[③]1905年袁世凯等人奏请立即停止科举，原因是即使逐渐减少科举名额，也要十年之后才能完全停止科举，但时局危难，急需要培养人才，可是科举一日不停，"士人皆有侥幸得第之心，以分其砥砺实修之志。民间更相率观望，私立学堂者绝少，……学堂决无大兴之望"，[④]因此建言立刻停止科举。同年八月，袁世凯会同张之洞等人指出如果不停止科举，人才培养就不能真正有实效，并且强调学堂在普及教育方面的功能对于实现国家富强有重要价值，学堂教育能够把教育普及化，"以开通民志为主，使人人获有普及之教育，具有普通之智能，上知效忠于国，下得自谋其生也。其才高者，固足以佐治理；次者，亦不失为合格之国民。兵、农、工、商，各完其义务，而分任其事业，妇人、孺子，亦不使逸处，而兴教于家庭。无地不学，无人不学。以此致富奚不富？以此致强奚不强？……故欲补救时艰，必自推广学校始；而欲推广学校，必自先停科

[①] 璩鑫圭，唐良炎. 学制演变——中国近代教育史资料汇编[G]. 上海：上海教育出版社，1991：525.
[②] 桑兵. 晚清学堂学生与社会变迁[M]. 上海：学林出版社，1995：132.
[③] 璩鑫圭，唐良炎. 学制演变——中国近代教育史资料汇编[G]. 上海：上海教育出版社，1991：527.
[④] 璩鑫圭，唐良炎. 学制演变——中国近代教育史资料汇编[G]. 上海：上海教育出版社，1991：528.

举始。"①当即,光绪皇帝批准奏议。

综观当时对废科举的提议,主要论点是科举考试指导下的教育内容不足以培养振兴国家的人才。如梁启超在1910年所说,"夫科举,非恶制也。所恶乎畴昔之科举者,徒以其所试之科不足致用耳"②。科举制度下的教育与新式教育在内容上有很大不同。科举制度下的学校教育是科举考试的一环,官学和私学都是围绕科举考试的内容,知识内容非常狭窄。相比之下,新式学校教育的内容更加丰富,大量的是自然、社会、人文各领域的知识。取消科举制,取消的是儒家知识个体向上流动机会的垄断性关联,改变了整个社会知识传播的单一性。

根据"第一二三次教育统计图表",1903年至1909年间,学堂数量开始快速增加,学生数量也增长很快,如下表③:

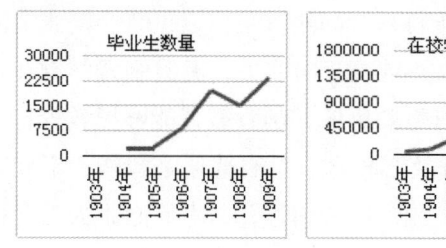

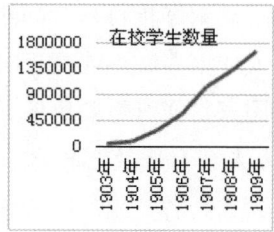

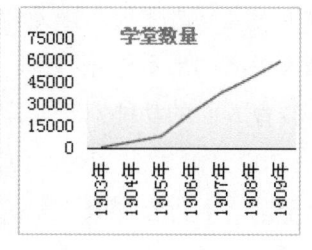

2.2.2 兴"西学"而抑"中学"

从洋务运动办学堂开始,学堂的主要特色就是传播西学知识。随着办学

---

① 璩鑫圭,唐良炎. 学制演变——中国近代教育史资料汇编[G]. 上海:上海教育出版社,1991:530-531.
② 邓建国. 科举制度的伦理审视[M]. 新北:花木兰文化出版社,2013:213.
③ 沈云龙. 第一二三次教育统计图表[A]//近代中国史料丛刊,转引自干春松. 制度化儒家的解体(1895-1919)[D]. 北京:中国社会科学院研究生院,2001.

第二章　钱穆教育思考的起因：中国教育现代转型文化性格之待定

堂成为发展中国教育的主要途径，西学知识进入各级学校课堂，且内容丰富。以1904年"奏定学堂"的一系列章程规定为例，初等小学的地理课堂需要悬挂东西半球地图和五洲地图，格致课需讲授动物、植物、矿物等大略形象，并与人之关系；[①]高等小学的历史课需要讲授"世界之变迁"，地理课内容要讲授"地球表面及人类生计，发明地文地质之各类功用，大洋五洲五带之区别，人种竞争与国家形势利害之要端"，格致课堂要尤其详细地讲授与农业和工业相关的动、植、矿物，培养精密观察的能力。[②]在普通中学教育阶段，科目增加至12科，"修身、读经讲经、中国文学、外国语（包括日语、英语或德语、法语、俄语）、历史、地理、算学、博物、物理及化学、法制及理财、图画、体操"。[③]

伴随着新知识的出现，教学方法也更加趋新。以《奏定中学堂章程》（以下简称《章程》）对于中等学校课程的教学方法的规定为例。针对"讲经读经"的版本选择，《章程》提示"讲读《左传》应用武英殿读本，讲读《周礼》应用通行之《周官精义》，此两本即本古注，又不繁冗，最于学者相宜"，讲授重点则是"讲《左传》说其大事与今日世界情形相合者，讲《周礼》宜阐发先王制度之善，养民教民诸政之详备，与今日情形相类可效法者"，讲授方法则"解说须简要"，"讲经者先明章指，次释文义，务须平正明显，切于实用，勿令学童苦其繁难；其详略深浅视学生之年岁程度而定"。[④]对于外国语讲授，《章程》肯定"外国语为中学堂必需用最重之功课"，对外语的强调与新的教育目标的形成有重要关系，"盖中学教育，以人人知国家、知世界为主，上之则入高等专门各学堂，必使之能读西书；下之则从

[①] 璩鑫圭，唐良炎. 学制演变——中国近代教育史资料汇编[G]. 上海：上海教育出版社，1991：296.

[②] 璩鑫圭，唐良炎. 学制演变——中国近代教育史资料汇编[G]. 上海：上海教育出版社，1991：310.

[③] 璩鑫圭，唐良炎. 学制演变——中国近代教育史资料汇编[G]. 上海：上海教育出版社，1991：318.

[④] 奏定中学堂章程[G]//朱有瓛，高时良. 中国近代学制史料 第二辑上. 上海：华东师范大学出版社，1983：384.

事各种实业，虽远适异域，不假翻译"，[①]在外语教学方法方面，《章程》指出"当先审发音、习缀字，再进则习简易文章之读法、译解、书法，再进则讲普通之文章及文法之大要，兼使会话、习字作文"。[②]对于世界的开放和对于时局的忧虑，也体现在对历史课程的教学内容和方法的指导上。历史课内容包括中国史、亚洲各国史和欧洲美洲史，教育内容以"五十年以内之事尤宜加详，说近事者十之九，说古事者十之一，并示以今日西方东侵东方诸国之危局"，"凡教历史者，注意在发明实事之关系，辨文化之由来，使得省悟强弱兴亡之故，以振发国民之志气"。[③]物理和化学课程的内容也极大丰富，已经从技艺学习扩展到讲习，"物理及化学讲理化之义，在使知物质自然之形象并其运用变化之法则，及与人生之关系，以备他日讲求农工商实业及理财之源"，"凡教理化者，在本诸实验，得真确之知识，使适于日用生计及实业之用"。[④]

从这些课程的教学安排上可以看到，这一时期的教学内容和教学方法在两个方面突破了中国古代教育。第一，突破了中国古代教育具有的以道德培养为主，注重在生活中进行道德践行的知行合一，而不强调传递科学知识的倾向。第二，在教学方法上，以直观和实验等教学方法补充了中国古代教育以内省体悟为主的教学方法。从癸卯学制对中学课程的规定，可以看到当时中国主流教育思想对西学各门类的实用价值的肯定和提倡。教科书的编写也开始使用白话文。从1904年至1911年，商务印书馆出版了系统的初等小学、高等小学和中学教科书，其占全国课本数量的百分之八十，[⑤]最大特点是使

[①] 奏定中学堂章程[G]//朱有瓛，高时良. 中国近代学制史料 第二辑上. 上海：华东师范大学出版社，1983：385.

[②] 奏定中学堂章程[G]//朱有瓛，高时良. 中国近代学制史料 第二辑上. 上海：华东师范大学出版社，1983：385.

[③] 奏定中学堂章程[G]//朱有瓛，高时良. 中国近代学制史料 第二辑上. 上海：华东师范大学出版社，1983：386.

[④] 奏定中学堂章程[G]//朱有瓛，高时良. 中国近代学制史料 第二辑上. 上海：华东师范大学出版社，1983：387.

[⑤] 谢毓洁. 近代思想与文化初探[M]. 长春：吉林人民出版社，2011：164.

第二章 钱穆教育思考的起因：中国教育现代转型文化性格之待定

用白话文，以求简明通俗，最有效地普及知识。

在西学知识增加之时，如何认识"中学"成为一个问题。张之洞1898年写《劝学篇》提出"中体西用"，意在确立和维护中国教育的文化属性。张之洞把"四书五经、中国史事、政书、地图"作为"中学"的内容，把"西政"和"西艺"作为"西学"内容，"中学"为体，即是"中学"为先，"西学"为用，即是"西学"为后，但也认为这两者是可以融合的。[①]1896年，梁启超认为"今日非西学不兴之为患，而中学将亡之为患"，[②]原因是西学成为潮流之后，鱼目混珠者太多，"今之所论西学者矣，……动曰：中国之弱，由于教之不善，经之无用也。推其意，直欲举中国文字，悉付之一炬。而问其于西学格致之精微，有所得乎？无有也。问其于西政富强之本末，有所得乎？无有也"，而要改变这种流于虚浮的风气，需要发扬中国自有的"孔教之至善，六经之致用"，否则误以"帖括、考据、词章之俗陋，……以此与彼中新学相遇，安得而不为人弱也"。[③]1902年的《钦定京师大学堂章程》强调"修身伦理一门视他学科更宜注意，为培养人才之始基"，并重申"中国政教风俗亦自有所以立国之本"，"夫中学，体也；西学，用也。二者相需，缺一不可。体用不备，安能成才。且既不讲义理，绝无根底，则浮慕西学，必无心得，只增习气"。[④]1904年张之洞参加新学制的制定，依旧表达了"中体西用"的思想，《重订学堂章程折》明确指出："至于立学宗旨，勿论何等学堂均以忠孝为本，以中国经史之学为基。俾学生心术壹归于纯正，而后以西学瀹其智识，练其艺能，务期他日成材，各适实用，以仰副国家造就通才、慎防流弊之意。"[⑤]

作为教育政策的主要建言者，张之洞通过强调"经学"课程来维护"中

[①] 蔡振生. 张之洞教育思想研究[M]. 沈阳：辽宁教育出版社，1994：140.
[②] 梁启超. 西书目表后序[M]//饮冰室合集文集之一. 北京：中华书局，1989：126.
[③] 梁启超. 西书目表后序[M]//饮冰室合集文集之一. 北京：中华书局，1989：126-127.
[④] 璩鑫圭，唐良炎. 学制演变——中国近代教育史资料汇编[G]. 上海：上海教育出版社，1991：235.
[⑤] 璩鑫圭，唐良炎. 学制演变——中国近代教育史资料汇编[G]. 上海：上海教育出版社，1991：289.

中国文化教育视野下的通识教育——论钱穆"通学"教育思想

学","中小学堂宜注重读经以存圣教,外国学堂有宗教一门。中国之经书,即是中国之宗教。若学堂不读经书,则是尧舜禹汤文武周公孔子之道,所谓三纲五常者尽行废绝,中国必不能立国矣。学失其本则无学……,其本既失,则爱国爱类之心亦随之改易矣。安有富强之望乎?"[①]不过,经学讲授在此时也是采用更灵活的方式,张之洞考虑到中小学堂的课程较多,建议选择"切要各经,分配中小学堂内",并且根据学生学习能力的不同而采用或是背诵或是"浅解"的学习方式,使学生在年少时期能定心性,同时不减损学生学习西学的精力。[②]但在新式教科书发展的同时,"德育"作为一门内容,也呈现出与"经学"不同的表达形式,比如1901年南洋公学编写的教科书,在伦理道德的内容取材上,不再从传统典籍中寻找素材,"凡所捃拾,大半译自西书"。[③]"经学"不再是对所有知识具有权威解释力的来源,逐渐成为学科分科体系中的普通一科。

这一点变化还可以从张之洞力图建立"存古学堂"而不了了之的结局中得到印证。1907年张之洞上折在湖北建立存古学堂,"今此学堂,既以国文为主,即宜注重研精中学,至外国历史,……工商各项实业等事。只须令其略知世间有此各种切用学问,即足以开其腐陋"。存古学堂的目的与普通中小学堂重点是开发普通国民知识的目的不同,主要是"保存国粹,且养成传习中学之师"。[④]但是存古学堂在1907年8月正式开学之初就遇到教师缺席较多的问题。虽然在1909年张之洞离世以后,还有不少地方官员欲模仿张之洞的存古学堂而在其他省份继续办存古学堂,而且1911年4月学部修订了存古学堂章程,建立统一办学规范,但是"见在经费支拙,自应由各省体察

---

① 学务纲要[G]//朱有瓛,高时良. 中国近代学制史料 第二辑上. 上海:华东师范大学出版社,1983:83.
② 学务纲要[G]//朱有瓛,高时良. 中国近代学制史料 第二辑上. 上海:华东师范大学出版社,1983:83.
③ 宋原放. 中国出版史料 近代部分 第二卷[G]. 武汉:湖北教育出版社,2004:526.
④ 光绪三十三年升任两湖总督张奏设存古学堂折[G]//朱有瓛,高时良. 中国近代学制史料 第二辑上. 上海:华东师范大学出版社,1983:505.

第二章 钱穆教育思考的起因：中国教育现代转型文化性格之待定

情形，其财力实在艰窘者，暂准缓设或与邻省合并"。[①]可见，张之洞在学问传承意义上的保存"中学"的愿望，在当时社会境况下，无法得到充分的实现。1911年湖北停办存古学堂。存古学堂的失败根源是"中学"已经被认为仅仅是经学、史学和词章之知识，就如由存古学堂章程所体现，而这样的知识形态在当时的中国现实中已经找不到实际存在的指涉系统，已经不能提供精神价值。当1912年中华民国《普通教育暂行课程标准》把"读经"课程从初等小学、高等小学、中学和师范学校的课程中排除而保留修身课，[②]此后"经学"不再能指导"修身"，在知识体系内，儒家典籍只是作为中国文学或中国历史学的文献资料而存在了。

1906年清廷规定新的教育宗旨即"忠君、尊孔、尚公、尚武、尚实"，对于"尚公""尚武""尚实"是针对"中国之大病，曰私，曰弱，曰虚"而提出。[③]这些新名词表明中国教育有了新的运转原则。所谓"尚公"，即各门学科都要把讲解公德的意义和培养团体意识贯彻于教学；所谓"尚武"，即以中小学堂教育传递以军事强壮国力的理念，把战争事例的讲解和绘制各种战争武器加入国文、历史、地理等课程内容之中，把武功战事改编为诗歌，提倡以体操来锻炼学生体魄；所谓"尚实"，即要求中小学教学内容应采用浅白和接近学生认识能力的事例和道理来教导学生，修身课、国文课、算术课都应从学生们容易理解和做到的内容开始，以帮助学生能实际地应用知识，格致课、图画课、手工课的重要性得到提升，提倡教师以实际事物标本来展示学习内容，使学生更生动地掌握知识，为未来进行实用科学的学习打下基础。[④]

[①] 学部修订存古学堂章程[G]//朱有瓛，高时良. 中国近代学制史料 第二辑上. 上海：华东师范大学出版社，1983：525.
[②] 璩鑫圭，唐良炎. 学制演变——中国近代教育史资料汇编[G]. 上海：上海教育出版社，1991：597–601.
[③] 璩鑫圭，唐良炎. 学制演变——中国近代教育史资料汇编[G]. 上海：上海教育出版社，1991：537–538.
[④] 璩鑫圭，唐良炎. 学制演变——中国近代教育史资料汇编[G]. 上海：上海教育出版社，1991：534.

中国文化教育视野下的通识教育——论钱穆"通学"教育思想

课程宗旨的变化体现了中国学界对于儒家知识观的突破。在这里借鉴陈嘉明教授对儒家知识观的分析。陈教授认为儒家对知识有"闻见之知"与"德性之知"的区分,"闻见之知是'乃物交而知',属于认识的感性阶段,德性之知是'不假于见闻',属于内省的思维阶段。儒家'格物致知'是为了知性、知天,也就是成为君子必须经过内省而超越经验性的'闻见之知'"。[①]陈教授以王明阳为例,说明"闻见之知"的基础性价值逐渐被忽视了,"知"的概念渐渐被限定在道德伦理范畴之内,"到了王阳明,'知'的概念更是被归结为'德性之知'意义上的道德之知。……认为'德性之良知,非由于闻见',……王阳明以'良知'的概念来替代"德性之知","良知之外,更无知,致知之外,更无学。"[②]对于儒家教育来说,整合"闻见"与"良知"的方法是"行"。"行"是中国古代之"学"的核心。中国古代教育关心的重点是道德性的生活,是人的整体性生成,和由己及人的群体生活的完善,因而"学"的载体不是纯思辨,而是"行",是通过"行为"来学习。因而,人的生活发生的具体时空也成为中国古代学习的源泉和归属。

但是,以儒家教育为主流的中国古代教育对知识探索的广度与深度的确有限。与人紧密相关的事成为古典儒家探索宇宙和人世秘密的钥匙,而那些与人事相隔甚远的自然现象却得不到足够的研究,这导致中国人的知识指向更多是关注社会秩序的建立及与之相关的内容。但由于没有更笃厚的格物之学做基础,德性之学渐渐流于单薄甚至腐败虚伪的形式,清初大儒黄宗羲就愤怒批评学子以科举为投机之道,"儒者之学经纬天地,而后世乃以语录为究竟。……读书作文者则目为玩物丧志,留心政事者则目为俗吏,……一旦有大夫之忧,当报国之日,则蒙然张口,如坐云雾!"[③]

面对晚清严重的民族危机,培养能应对"坚船利炮"之威胁的人才成为中国教育的当务之急,因此,教育需要传递更具有"经世致用"价值的知识。早期中国教育改革的主要展开办法就是扩大学问基础,这一做法并不必

---

① 陈嘉明. 中国哲学的"力行"知识论[J]. 学术月刊, 2014(11): 5-12.
② 陈嘉明. 中国哲学的"力行"知识论[J]. 学术月刊, 2014(11): 5-12.
③ 干春松. 制度化儒家的解体(1895—1919)[D]. 北京:中国社会科学院研究生院, 2001.

第二章　钱穆教育思考的起因：中国教育现代转型文化性格之待定

然地抑止"中学"义理的传播。因为，"中学"知识并不否认经世致用的重要性。不论是张之洞提出"中体西用"，还是梁启超提出的"当中西兼举，政艺并进，然后本末体用之间，不至有所偏丧"，[①]都在试图维护经史大义之于为人根本的启发意义。但"中西并举"的形成需要长时间的探索，而在民族危机深重的中国，社会矛盾的剧烈没有为教育自身探索应有的发展道路提供空间，即使中西学识兼具的严复，也认为"中学"对于"今日救弱救贫"是"无用"，对于"救死不赡，宏愿长赊"来说，是"无实"。[②]因此，教育改革承载的社会改造理想直接引导学生群体加入社会运动中，这无疑为中国教育探索自身的发展道路带来新的元素。

对于清晚期新式学堂教育里的学生来说，虽然也学习儒家的知识，但他们的知识主体已经是生光电化这些西方传入的知识内容，所持有的价值理念也发生变化，对于世俗生活有了新的看法，比如认为拜菩萨烧纸钱是迷信，相信男女平等，婚姻自由。同时，学生们也具有强烈的社会责任感和自我期待，"有教育之国其民强，无教育之国其民弱，有教育之国其民智，无教育之国其民愚。有教育之国其民力膨胀，能伸国权于海外。无教育之国其民力萎缩，不能与他族相抵抗"，[③]也因此，学生们自觉认识到自己的应担负社会改革的责任，"为今日之学生者，当豫勉为革新之健将，……前途茫茫排山倒海之伟业，俱担荷于今日学生之七尺躯"。[④]

但是学生们的一腔热情，也不容易找到用武之地。1914年，范源廉批评新式教育培养的学生有不能胜任社会实践工作的问题，"中小学校之毕业者，其受工场商店之信任，常逊于寻常之学徒。专门学科之毕业者，即学行优长，而在社会中每苦无可就之职业。其足以容纳群材，而又为世俗欣慕

[①] 梁启超. 与林迪臣太守论浙中学堂课程应提倡实学书[M]//饮冰室合集文集三. 北京：中华书局，1989：4.
[②] 崔运武. 严复教育思想研究[M]. 沈阳：辽宁教育出版社，1993：101-102.
[③] 李书城. 教育关系国家之存立说[J]. 湖北学生界，1903（1）.
[④] 干春松. 制度化儒家的解体（1895—1919）[D]. 北京：中国社会科学院研究生院，2001.

者，厥惟官吏之一途。以是学子之志于为官，几同于流水之归壑。"[1]范源廉对此的解释是新教育的发展还不够，还不能推动社会风气的转变，因此社会风气会反过来影响教育，也导致学生抱着为了能更容易地获得"为官"的机会而纷纷热衷进政法学堂。这种现象产生的原因，正如学者史靖所说："这些新的学程都是近代西洋工业社会的产物，却被移植在仍然停留在农业（而且是落后的农业）和手工业生产的中国，在缺乏有计划的全盘改造适应之前，无疑地要和中国实际的情形脱节。"[2]这种脱节不仅仅表现在新知识无用武之地，也表现在教育质量不好，出现"学生仅仅会些个光线力点的新名词，别的全不会"[3]的现象，也表现在拥有新知识的人在参与社会利益分配时遭到的阻碍。

自清末兴学，学生数量大量增加，学生作为一股社会民众力量，在清末是积极的社会运动参与者。据学者研究，从1902年到1911年，全国发生学潮500余次，多与社会时事相关，1903年的拒俄运动、1905年的抵制外货运动、1906年的收回利权运动、1910年的国会请愿运动，都是学生群体自主联合表达意愿的社会活动，这些运动说明学生的爱国热情不容置疑，说明学生积极参与社会建设的热情。但现实社会的各项事业进展缓慢和流于表面，导致人才培养和人才需求之间产生奇怪的错位，比如在军事改革、警务改革和师范教育急需人才的领域，出现大多数专业学生不能进入对口岗位进行工作的情况。[4]1908年，吉林长春一所学堂聘请了两位师范毕业生任教，这引起了成长在科举制环境下的前辈教师的不满，质疑这样做会危及自己的容身之地，因此大力反对并最终迫使学校解聘了这两位新教师。[5]这类事情强化了学生的不满情绪，强化了学生的冲击力。

自中国教育近代改革开始，培养独立人格是引导维新人士设计教育改革

---

[1] 范源廉. 论新教育之弊[M]//欧阳哲生. 范源廉集 卷一. 长沙：湖南教育出版社，2010：37-38.
[2] 史靖. 绅权的继替[M]//费孝通. 皇权与绅权. 天津：天津人民出版社，1988：143.
[3] 桑兵. 晚清学堂学生与社会变迁学堂[M]. 桂林：广西师范大学出版社，2007：397.
[4] 桑兵. 晚清学堂学生与社会变迁学堂[M]. 桂林：广西师范大学出版社，2007：393.
[5] 桑兵. 晚清学堂学生与社会变迁学堂[M]. 桂林：广西师范大学出版社，2007：394.

第二章　钱穆教育思考的起因：中国教育现代转型文化性格之待定

思路的核心理念。严复从进化论中看到社会前进时依靠个体竞争推动，进而发现自由对于人的生存的意义，只有在自由的前提下，才可能平等，只有平等，才有充分的竞争，并且把中西差异放置在对于自由与否之上，"顾彼行之而常通，吾行之而常病者，则自由不自由异耳"，[①]因此严复的"新民德"是能发挥个体自由的品质。梁启超也在1902年的《论教育当定宗旨》中认为，"新民"是备有人格，享有人权，能自动而非木偶，能自主而非傀儡，能自治而非土蛮，能自立而非附庸。[②]尽管清末新政的官方政策没有明确提出，但伴随西学知识而一同进入中国社会的推崇个体自由独立的价值取向深刻地影响了青年学生。这种影响可以推动学生积极参加旨在维护中国权利的学潮运动，也能推动学生反抗中国"家庭主义"。也难怪范源廉批判新教育的弊端第一条，就是"后生小子，竞尚自由，倡言平等于家庭主破坏，于学校起风潮，于社会为逾闲荡检、……是弊害之最大也"。[③]自由与自律都是关乎人的存在的社会性规范，而在社会整体改革不力的情况下，学生的"自由"能量无法通过合适的社会机制得到释放，极易陷入自我矛盾之中。

20世纪初，对于积极推动社会改革的人们来说，中国传统的道德观念依然是重要的社会建设思想资源。比如严复在1906年的《论国家与教育的关系》中提出"故世界天演，虽极离奇，而不孝、不慈、负君、卖友一切无义男子之所为，终为复载所不容，……此则百世不惑者也"；1912年梁启超在《中国道德之大原》中提倡"报恩""明分""虑后"，并批评"今日欧西社会受病最深者，一曰个人主义，二曰现在快乐主义"。即使激烈如鲁迅也说"孝"的源头是人伦之爱，"抹煞了爱，一味说恩，又因此责望报偿，那便不但败坏了父子间的道德，而且也大反于做父母的实际的真情"。[④]这些想法已经是在挖掘中国传统道德观念的现代价值，但动荡的社会局面等不及这些思

---

① 严复. 论世变之亟[M]//论世变之亟—严复集. 胡伟希选注. 沈阳：辽宁人民出版社，1994：3
② 梁启超. 论教育当定宗旨[M]//饮冰室合集文集之十. 北京：中华书局，1989：52.
③ 范源廉. 说新教育之弊[M]//欧阳哲生. 范源廉集 卷一. 长沙：湖南教育出版社，2010：33.
④ 鲁迅. 我们现在怎样做父亲[M]//坟. 南京：译林出版社，2013：101.

辨的深入展开，而是仓促推动中国思潮不断在"求变"中翻腾，使得中国思想的自由空间急剧变大，却又迎来了"价值真空"的尴尬。

中国人说安身立命，立于何处？孔子语，"不知礼，无以立"。这里的礼不是外在于人的僵硬规矩，而是表达人的自然情感的中介，这份自然情感的基本内涵是"孝"，再扩展到"悌"，之后再延伸至各种美好的情感。为什么情感很重要？因为，只有在情感的推力下，个体会发现进而回应他人的情感。只有达成情感层面的互动，他人的人性才被肯定和滋养，儒家所谓磨炼就是在生活中带着情感去发现自己和他人，即是成"仁"。孝悌之情，或者说与自由相伴的博爱之情，必须在生活中扎根，离开真实感情，理念只是飘荡在空中的口号。中国现代教育转型面临的一个巨大挑战就是如何帮助青年一代在生活中找到安身之支点，并以此为基础建立作为个体的"我"与他人的关系。鲁迅在小说《伤逝》里，讲述了以"我"的追求而成就的自由婚姻，最终以"我"在琐碎生活中的迷失导致悲剧收场的故事。中国教育的现代转型应该以什么总体智慧来诠释"我"，来引导这些新鲜又热情的"我"的成长，成为中国教育的议题。

2.3 少年钱穆：向学之志扎根

钱穆在八十高龄回忆幼时点滴，谦卑诉说"愧对当年双亲顾复教诲之恩"，[①]之后再写《师友杂忆》，"惟生平师友，自幼迄老，奖劝诱掖，使余犹幸能不虚度此生"。[②]从钱穆对儿时经历的回忆，我们能大概知晓钱穆对中国文化的热爱和为人做事坚持独立个性的由来。

---

① 钱穆. 八十忆双亲 师友杂忆[M]. 北京：生活·读书·新知三联书店，2012：5.
② 钱穆. 八十忆双亲 师友杂忆[M]. 北京：生活·读书·新知三联书店，2012：47.

第二章　钱穆教育思考的起因：中国教育现代转型文化性格之待定

钱氏家族五世同堂，居住在江苏无锡七房桥，这也是钱穆的出生地。钱穆出生于1895年7月30日，由父亲赐名"恩鑅"，字"宾四"。钱穆一名系其兄钱恩第于1912年春代为改定，同时，钱恩第也将自己易名为挚。①虽幼时家贫，钱穆依然从家中祖辈那里继承了爱读书的性情。钱穆祖父钱鞠如，留下手抄"五经"一部。这部手抄书非常精致，"全书用上等白宣纸，字体大小，略如四库全书，而精整过之。首尾正楷，一笔不苟，全书一律"。②由于眼睛患疾，祖父在抄写"五经"时泪流不断，这些泪痕留在纸本上，使尚不懂五经为何物的钱穆在懵懂之时却会"时时展阅纸上泪痕，把玩想念不已"。③但是祖父留下的不仅是书卷中的泪痕清苦，更有厚重笃实的《史记》批注，"大字木刻本《史记》一部，由先祖父五色圈点，并附批注，眉端行间皆满"，这也开启了钱穆对《史记》的喜爱，"余自知读书，即爱《史记》，皆由此书启之"，④遗憾的是祖父早逝。钱穆的父亲钱承沛自幼聪慧，"双目炯炯发光，如能透视一切之背后"，经发奋苦读十六岁中秀才，却连续三年在南京乡试的考场中病倒。钱父没有因为功名失利而一蹶不振，而是尽心操持家族事务。⑤1900年，钱穆的兄长钱挚和家族中另一个男孩到了读书的年龄，钱父便请来一位姓华的私塾先生。私塾先生的儿子也一起和钱家弟子一处读书。1901年，七岁的钱穆进入家中私塾，开启了一生的读书旅程。

2.3.1 "正式知有学问"

钱穆进入新式学堂读书是在1904年。果育小学是一所新式学堂。最初果育小学是为华氏家族子弟办的家塾，科举被废后，华家把这所家塾改建为新

---

① 韩复智. 钱穆先生学术年谱（一）[M]. 台北：国立编译馆，2005：153.
② 钱穆. 八十忆双亲 师友杂忆[M]. 北京：生活·读书·新知三联书店，2012：12.
③ 钱穆. 八十忆双亲 师友杂忆[M]. 北京：生活·读书·新知三联书店，2012：13.
④ 钱穆. 八十忆双亲 师友杂忆[M]. 北京：生活·读书·新知三联书店，2012：13.
⑤ 钱穆. 八十忆双亲 师友杂忆[M]. 北京：生活·读书·新知三联书店，2012：14.

式小学，分初、高两级，各四年。这一年，钱挚与钱穆两人经过入学考试，钱挚入果育小学高等一年级，钱穆入初等一年级，当时果育小学的校长是华子才先生。

　　在果育小学，钱穆遇到了对他日后治学多有影响的老师。在前文叙述中已经提到的钱伯圭先生，其关于中西文化的说法给年仅10岁的钱穆全心震撼，进而为钱穆一生治学埋下一个问题，"从此七十四年来，脑中所疑，心中所计，全属此一问题。余之用心，亦全在此一问题上。余之毕生从事学问，亦皆伯圭师此一番话有以启之。"①教唱歌的华倩朔先生，更是能力超凡，倩朔先生曾游学日本，擅长音乐、书法、绘画，并能吟诗填词。钱穆非常喜爱倩朔先生编写的"秋夜"歌曲，晚年回忆道"歌辞浅显，而描写真切如在目前"，认为其充满"诗味"，比起后来民国初年的白话新诗，真正是"推陈出新，自抒机杼"。②华倩朔先生也兼初小一年级国文课，并随班递升，待钱穆上二年级时，还是做国文老师。倩朔老师送给钱穆一套《太平天国野史》两卷本，钱穆回忆"余生平爱读史书，竟体自首至尾通读者，此处其首也"，③而赠书的原因是钱穆写了一篇很好的作文。这是一篇以"鹬蚌相争"为题的作文，钱穆写作的精彩之处是"能以战国事作比，可谓妙得题旨"，并下结论"若鹬不啄蚌，蚌亦不钳鹬，故罪在鹬，而不在蚌"，倩朔老师称赞"结语犹如老吏断狱"。④正是由于这篇作文，钱穆得以提前升入三年级上课，在三年级又因一篇优秀作文，而提前升入四年级，并因此得到三年级的国文老师华山先生的一本赠书《修学篇》，书的内容是有关"英法诸邦不经学校自修苦学而卒为名学者数十人"，这本书为少年钱穆树立了苦学榜样，钱穆晚年回忆说自己没有读大学，却能坚持自学，不畏艰苦，是受到这本书的启发。⑤

　　顾子重先生也是一位为钱穆后来治学带来重大影响的老师。钱穆回忆说

---

① 钱穆. 八十忆双亲 师友杂忆[M]. 北京：生活·读书·新知三联书店，2012：49-50.
② 钱穆. 八十忆双亲 师友杂忆[M]. 北京：生活·读书·新知三联书店，2012：51.
③ 钱穆. 八十忆双亲 师友杂忆[M]. 北京：生活·读书·新知三联书店，2012：52.
④ 钱穆. 八十忆双亲 师友杂忆[M]. 北京：生活·读书·新知三联书店，2012：51.
⑤ 钱穆. 八十忆双亲 师友杂忆[M]. 北京：生活·读书·新知三联书店，2012：52.

第二章　钱穆教育思考的起因：中国教育现代转型文化性格之待定

"余中年后，治学喜史地，盖由顾师导其源"，这个源头就是顾老师"学通新旧"，"兼通中外"的学问风格。[1]顾老师讲课有趣，关于三国两晋的历史，"娓娓道之，使听者想见其为人"，[2]不仅是讲课有趣，顾老师也经常在位于果育小学后院的宿舍接待小同学们，同学们也喜欢"围师座，有所请益。师不拒"。[3]钱穆晚年回忆中的老师，都对他的个人成长有特别启发。顾老师不仅开启了钱穆对于史地之学的兴趣，也改变了钱穆读小说的方法。顾老师从其他同学的言语中得知钱穆爱读《水浒传》，便问钱穆《水浒传》中的故事，钱穆对答如流，顾老师却说"只看大字，不看小字，故所知仅如此"。钱穆才知道"小字"是金圣叹批语，"细读不忍释手"，并由此提高了对小说的欣赏水平，也开始看翻译的西洋小说，眼界打开。[4]顾老师对钱穆有很大期望。顾老师赞赏钱穆在作文中模仿欧阳修而使用"呜呼"，并认真评价"他日有进，当能学韩愈"。[5]正是这句评语，使钱穆知道了韩愈，也激发了钱穆对于学问的向往，所谓"余之正式知有学问，自顾师此一语始"。[6]

华紫翔老师也是钱穆"终生难忘"的一位老师，他是华倩朔老师的弟弟。在钱穆即将升入高级小学三年级的暑假，在果育小学举办古文讲习班，内容包括中国各时代名作，一共30篇，"起自《尚书》，下迄晚清曾国藩，经史子集，无所不包。"[7]在这些篇目中，钱穆自述最爱读"魏晋南北朝诸小篇"，由此钱穆形成了对"小篇"的浓厚兴趣，并在日后回忆当年紫翔老师所选的篇目，感叹"就其所选，亦可进窥其所学所志之所在"。[8]紫翔老师对钱穆的终生影响也体现在对一些重大观点的启发上，比如紫翔老师讲解朱子《大学章句序》和王阳明《拔本塞源之论》，这启发钱穆不设理学与文学之

---

[1] 钱穆. 八十忆双亲 师友杂忆[M]. 北京：生活·读书·新知三联书店，2012：52.
[2] 钱穆. 八十忆双亲 师友杂忆[M]. 北京：生活·读书·新知三联书店，2012：52.
[3] 钱穆. 八十忆双亲 师友杂忆[M]. 北京：生活·读书·新知三联书店，2012：53.
[4] 钱穆. 八十忆双亲 师友杂忆[M]. 北京：生活·读书·新知三联书店，2012：53.
[5] 钱穆. 八十忆双亲 师友杂忆[M]. 北京：生活·读书·新知三联书店，2012：53.
[6] 钱穆. 八十忆双亲 师友杂忆[M]. 北京：生活·读书·新知三联书店，2012：54.
[7] 钱穆. 八十忆双亲 师友杂忆[M]. 北京：生活·读书·新知三联书店，2012：54.
[8] 钱穆. 八十忆双亲 师友杂忆[M]. 北京：生活·读书·新知三联书店，2012：55.

分，在后来独立的学术研究中，特意从《拔本塞源之论》来入手研究王阳明思想，而由此又得知《拔本塞源之论》是王阳明从朱子《大学章句序》中转延发挥而来，而形成治学讲究大体渊源的风格；[1]又比如紫翔老师所讲曾国藩所作《原才篇》，其开篇所论风俗与人心的关系，是钱穆越到晚年而越深有同感的观点，是"童年之启迪，有以发之也"。待钱穆自己在回到小学任教时，也模仿紫翔老师为学生编写书目，并还就此书目向紫翔老师请教，紫翔老师也有过回复。虽然紫翔老师的具体论说没有留存，但钱穆对其的尊重溢于言表。[2]

2.3.2 "又是另一境界"

1907年冬，经受丧父之痛的钱穆与19岁的兄长钱挚同时考入常州府中学堂。钱挚考虑到家境拮据而入读师范班，钱穆入读中学班。入学不到一周，钱穆又考入二年级。1908年，钱挚从师范班毕业，把全家迁回七房桥。

在常州府中学堂，钱穆也从诸多老师中获得珍贵的教导。时任校长的屠孝宽先生是其中一位。屠孝宽是近代著名历史学家屠寄的长子。在学校当时开设的各门课程中，钱穆比较偏爱国文和历史，对图画课则注意不够。为此，孝宽老师特意提醒他各门学科均需打好基础，均衡发展，不能偏爱一科而忽视其余。一次偶然的机会，钱穆随屠孝宽先生一道进入屠寄的书房，置身书斋，感受到深厚的治学氛围，"四壁图书，临窗一长桌，桌上放数帙书，皆装潢巨制，座椅前有一书，已开帙，似太老师正在阅读。就视，乃唐代《李义山诗集》，字大悦目而眉端行间朱笔小楷批注几满，字字工整，一笔不苟。精美庄严，未曾得见"。[3]这些静静放置的纸墨笔砚带有的凝重肃然

---

[1] 钱穆. 八十忆双亲 师友杂忆[M]. 北京：生活·读书·新知三联书店，2012：55.
[2] 钱穆. 八十忆双亲 师友杂忆[M]. 北京：生活·读书·新知三联书店，2012：56.
[3] 钱穆. 八十忆双亲 师友杂忆[M]. 北京：生活·读书·新知三联书店，2012：63.

第二章　钱穆教育思考的起因：中国教育现代转型文化性格之待定

的治学风格，震撼了钱穆："余一时呆立凝视，但不敢用手触摸。因念敬山太老师乃一史学巨宿，不知其尚精研文学，又不知其已值晚年，而用力精励不息如此。此真一老成人之具体典型，活现在余之目前，鼓励余此后的向学之心，可谓无法计量。较之余在小学时，获亲睹顾子重、华紫翔诸师之日常生活者，又是另一境界。"[①]可见，老师的榜样胜过千言万语，老师的品格对于后辈学生的影响是深远重大的。

吕思勉先生是当时常州府中学堂最年轻的教师，上课从不看讲稿，在讲台上来往行走，口中娓娓不断，但无一闲言旁语，而且时有鸿见创论，同学争相推敬。吕先生讲授历史地理，必带一张上海商务印书馆印制的大地图，将各页拆开，讲一省，用一图。吕先生善于以图说文，先在带来的小黑板上画一"十"字，再勾勒边界的轮廓，之后伴随着讲解，山脉河流湖泊就都出现在图画中，还有都市城镇关卡交通道路等，等到讲课完毕，小黑板上就留下一幅五色缤纷的地图，"听者如身临其境，永不忘怀"[②]。钱穆在离开常州府中学后与吕先生的第一次见面，是在1940年亲自携带《国史大纲》手稿赴上海请吕先生作最后校对，而在这之前，已为人师的钱穆也是与吕先生有诸多学问讨论上的书信来往，这份师生友谊一直延续到吕先生逝世。

中学生活不仅使钱穆感受到学问的深厚性，还有生动的学习趣味。国文老师童伯章先生，走路四平八稳，学生们爱称呼其为道学先生。但讲课时候的童先生，幽默风趣，往往以动作配合讲述，就像演戏，比如带着一本地图讲《荆轲刺秦王》，讲到"图穷匕首见"时，便一页一页翻开地图，翻到末尾，出现一把匕首，随即拿起匕首，投到讲台对面的墙上，紧接着绕讲台快跑，就像是在追秦王。这位童先生还擅长昆曲。当时学校开设课外游艺班，由童先生担任昆曲老师。由于在家中听昆曲较多，钱穆也喜欢昆曲，便跟随童先生学唱"生角"，"心情神态颇能领会"，并在公开表演中能很好地扮演《长生殿》的郭子仪。在当时，钱穆对昆曲的喜爱超过对其他正式课程的喜爱，也引起他对其他戏曲种类的喜爱。童先生对钱穆的艺术启蒙，使钱穆

---

① 钱穆. 八十忆双亲 师友杂忆[M]. 北京：生活·读书·新知三联书店，2012：63.
② 钱穆. 八十忆双亲 师友杂忆[M]. 北京：生活·读书·新知三联书店，2012：64.

在进入专业学问研究之后，还产生过以中国文学之心情来研究中国戏剧的想法。不过时事难料，这一想法没有实现。①

钱穆在回忆自己年少读书的经历之时，并不只讲述自己的学习体会，也会讲述少年时期的顽皮恶作剧。当时在常州府中学堂有一位陈士辛老师，教修身课。讲士尚行，不尚言，朴讷不语非即小人，多语擅文非即君子。因此学生们约定在月考时每答一题，不得超过二十个字，在三十分钟内答完交卷。等考试时，士辛老师刚把考试的四个题目写完，钱穆便第一个交卷，其他同学也都马上陆续交卷。但还是有两个同学写的字数过多，便被"惩罚"去买两笼蒸馒头，请大家吃。这番动静也引起了士辛老师的注意，而老师也只是悻悻然而去。还有一次，在学校宿舍就寝，熄灯后，钱穆和同学还在讲话，被士辛老师看见，士辛老师说："爱语者可至舍监室与我语"，钱穆便起床跟着下楼。士辛老师发现钱穆跟在身后，便问他为何下楼，钱穆说听老师的来谈话。结果，钱穆在年终操行分数得25分，和其他三位同样只得25分的同学一起，在学校里有了"名气"。②对于这些回忆，钱穆说："惟涉笔追忆，乃远自余之十岁童龄始。能追忆者，此始是吾生命之真。"③老师的宽严有度，纵使对稚子们的调皮出格无可奈何，却也保护了少年们的活泼天性。

钱穆性格中的独立气质在读中学时便显露无遗，不过在少年时期，这份独立却多了几分莽撞。在常州中学的第四年，快到年终考试的时候，同学们商议要求学校在来年增加希腊文的课程，而取消修身课。钱穆和其他四位同学，被同学们推荐做代表，去向屠孝宽先生表达意见。孝宽老师问钱穆："读英文课都不用心，为什么要学希腊文？"钱穆说这是全班同学的意见，不是我一个人的想法。之后，这件事情没有得到学校的应允，学生们商量要这五位代表代表全班写集体退学书。孝宽老师说这退学是个人的事，没有集体退学的道理。于是，学生们要求逐个见孝宽校长，并写退学申请。孝宽校长便把学生们集合起来以教诲，钱穆在其中，大声说老师已经训示完毕，请发退

---

① 钱穆. 八十忆双亲 师友杂忆[M]. 北京：生活·读书·新知三联书店，2012：71.
② 钱穆. 八十忆双亲 师友杂忆[M]. 北京：生活·读书·新知三联书店，2012：72-73.
③ 钱穆. 八十忆双亲 师友杂忆[M]. 北京：生活·读书·新知三联书店，2012：386.

第二章　钱穆教育思考的起因：中国教育现代转型文化性格之待定

学书，钱穆便第一个填了退学书，孝宽老师说这不符合格式，不能算数。当时其他同学已经动摇，劝钱穆以后再议，但是钱穆非常执拗，坚持要求孝宽老师明确指示应该如何填写，之后填写完毕。但是第二个同学就犹豫了，没有填写退学书，跟着的其他同学也都没有填写。于是，就只有钱穆一个人退学"成功"。[①]在这次事件中，钱穆并不是以与学校对抗而与传统道德决裂，因为事件的起因是要求调整课程。但这件事情发展成集体事件之后，在其他人都唯唯诺诺之时，钱穆对于自己意愿的坚持可以看作是他对自我自主的一次认定。所以在回忆中，钱穆清晰记得当时与他一起请愿的同学，却也只是记述了相关的生活日常和经历事情，并没有对他人在闹学校这件事情上的做法做评价。不过，退学后的钱穆还是不敢一人独自离校回家，只好住到学校的疗养室。在那里，钱穆偶尔发现了谭嗣同的《仁学》，非常喜欢，竟然忘了退学的事情，并依书中所言，剪掉了辫子。等钱穆寒假回家之后，才知道孝宽老师已经将退学的事情写信告诉了哥哥钱挚，并告知已经替钱穆申请了私立南京钟英中学，嘱托其去南京上学。钱穆晚年回忆此事，对孝宽老师的爱护爱惜之情，深深感慨。[②]

校园生活之外，钱穆对国家安危的关怀也非常炽烈。1951年，钱穆在一次讲座中回忆，说"四十四、五年起，听到人说中国要灭亡，就感觉这是最大的问题。国家还有没有前途？当时想若这个问题得不到解决，其他问题不值得再考虑了"。[③]推算年代，这些思考应该是发生在1906年左右，这时的钱穆是11岁左右。在1911年春，钱穆就读南京钟英中学，爱国之情更加强烈，"清晨薄暮环城四起之军号胡笳声，以及腰佩刺刀街上迈步之陆军中学生"，使钱穆燃起从军的热情和冲动，"出山海关，到东三省，与日本俄国兵对垒，那是一件何等痛快之事"。[④]而在这一年的暑假，因为伤寒，钱穆在家养病两个月，等再回到学校已经是10月11日，不久学校解散，钱穆也离开了南京。钱穆的正式求学阶段就此结束，但其读书的意志依然坚定，要"一意自读

---

① 钱穆. 八十忆双亲 师友杂忆[M]. 北京：生活·读书·新知三联书店，2012：75.
② 钱穆. 八十忆双亲 师友杂忆[M]. 北京：生活·读书·新知三联书店，2012：76.
③ 钱穆. 中国历史精神[M]. 北京：九州出版社，2011：前言，1.
④ 钱穆. 八十忆双亲 师友杂忆[M]. 北京：生活·读书·新知三联书店，2012：77.

书"。综观钱穆少年成长经历，其父亲的儒生风格和整个家庭尊崇学问的风气培养了钱穆对于学问的亲近感，诸多良师的启蒙和教导，再加上其本身的聪慧，使其能够由知识学习出发而不断自觉地加强对学问的探索，使得钱穆在离开校园求学后依然能够自学而成才。另外，在果育小学四年和常州中学三年多的求学过程中，虽然给钱穆留下深刻印象的老师们主要是任教文史方面的教师，但是活泼开放的教学风格和教师们对于时事的深刻关怀，为钱穆在以后的传统文化研究打下了良好的基础，也启迪了钱穆对于治学应有的生动和严肃的感受。可以说钱穆在少年阶段探索自我的过程中，"学问"起到重要的激活作用，因而不难想象其对于求学的坚定信念。

第三章 文史课程教学：以"学术精神"贯通文史知识

钱穆的执教生涯开始于1912年。这一年，十八岁的钱穆经由亲友推荐，前往秦家水渠三兼小学任教，教授国文、史地、英文、数学、体操和音乐课。钱穆在1913年离开三兼小学，转入鸿模学校，鸿模学校即钱穆少年时期就读的果育小学。果育小学原校长华子才先生离世，华先生的长孙华士巽接管学校，为纪念华子才先生，改校名为鸿模小学。在鸿模小学，钱穆专职教授国文课。1914年夏天无锡县创办了六所高等小学，其中的县立第四高等小学建在梅村，钱穆和哥哥钱挚都受到县四高小校长华澄波的任职邀请，也都接受了这份工作。钱穆在1914到1915年间，是每周往返"鸿模"和"县四"一次，从1915年夏天到1918年夏天，是专职于县四高小，在1918年夏天再回到鸿模小学专职工作一年。1919年，钱穆进入后宅镇泰伯市立第一初级小学任校长，三年后即1922年，转入县立第一高等小学，到校不满一月便收到厦门集美学校聘书。在向县一高小辞职时，面对校长挽留，钱穆也有志忑，后来从其他同事处得知校长已经找到接替人选，于是在当年中秋节放假之前，便辞去工作，结束了在小学的任教。在这十余年执教小学期间，钱穆一方面

中国文化教育视野下的通识教育——论钱穆"通学"教育思想

是在坚韧地自学自修中推进学问积累，在接触了新思想之后，依然选择"决意读旧书"，自学了《孟子》《史记》《四书改错》《昭明文选》《王荆公集》《古文观止》《墨子》孙诒让著《墨子间诂》《宋元学案》《六祖坛经》《资治通鉴》等书，①另一方面是开展了生动的教育改革。

1922年秋，钱穆前往厦门，任教集美学校高中部师范部三年级两个毕业班的国文课。钱穆在第一堂课上讲的是曹操的《述志令》，据严耕望考证，这篇文章仅出现在《三国志》裴注中关于魏武故事的引文中。②钱穆结合对中国文学史研习的心得，提出在汉末建安时期，五言诗的出现和散文的新发展与曹氏父子三人的关系，由此揭示曹操父子在中国文学史上的特殊地位。原来教授这两个毕业班国文课的两位老师都深得同学们佩服，这两位教师离职以后，校长在选择接替人选时，主要考虑是否能胜任，而钱穆在第一堂课便获得同学们的称赞，校长也非常高兴。③在集美学校执教一年之后，钱穆于1923年秋季转入无锡江苏省立第三师范学校任国文教师。依据学校要求，钱穆在讲授国文课之外，还讲授"文字学""论语""孟子"和"国学概论"。基于这些课程的讲义，钱穆编成并出版了《论语要略》《孟子要略》和《国学概论》。也是在1923年，钱穆开始写作《先秦诸子系年》，其对先秦诸子的生平研究也是受到"论语"课程的推动，这项研究持续数年，成文163篇，《先秦诸子系年》在1929年基本完成。

苏州省立中学是钱穆离开无锡三师后前往的下一处学校。1927年9月钱穆入职苏州中学，任师范科国文首席教师。苏州中学成立于1927年，由江苏省立第一师范学校及其附属小学和乡村师范部、江苏省立第二中学校和江苏第二工业专科学校高中部以及补习科改组重建而成，设址在清代紫阳书院的旧地。时任校长汪懋祖（1891—1949）是苏州人，曾留学美国，师从美国哲学家杜威，1927年满怀教育理想回到苏州，立志办一所能与欧美一流中学相媲美，又能传承中国文化教育传统的学府。苏州中学前身江苏省立第一师范

---

① 钱穆. 八十忆双亲 师友杂忆[M]. 北京：生活·读书·新知三联书店，2012：70-103.
② 严耕望. 钱穆宾四先生与我[M]. 台北：台湾商务印书馆，1992：10.
③ 钱穆. 八十忆双亲 师友杂忆[M]. 北京：生活·读书·新知三联书店，2012：133.

第三章 文史课程教学：以"学术精神"贯通文史知识

学校是比较著名的学校。1913年《教育杂志》上刊登的《江苏省立第一师范学校参观记》记述了学校新式的操场体育设施，地理老师讲课时绘制地图的灵活和教学的认真，学生风貌的整齐严肃，还有理化各科实验室的完备等等，文章作者赞叹"不可多得之学校"。[①]汪懋祖接手苏州中学重建后，立志建"不佞思欲上绍范文正、胡安定之学风，旁求欧美各中校之精华"[②]的一流中学，其为苏州中学选定的英文名"Soochow Academy"，也表达了以"学术"精研作为办学特色的设想。1933年在《苏中事业之回顾与展望》中，汪懋祖提到："一个优良学校成绩的表现，不仅在毕业生多数能考取大学，或中学会考能得到锦标，而在入学后能独立研究学术，崇高人格，出大学复能发展其能力，以各得其用，此亦清醒的教育者所当注意的。"[③]这些理念落实在学校建设上，就是大力支持培养"独立研究学术"的能力，首先是在苏州中学设立各科首席教师，其次是成立教师、学生学术研究会。创办《苏中校刊》便是一项举措，"本校内容不可不公诸认社会，而本校同人研究学术之所得，尤不可无发表之机会，此本刊之所以作也。"[④]汪先生的这些促学方针和策略，激发了苏中师生的创作兴趣，培养了浓厚的学术风气。钱穆也曾在《苏中校刊》十一期上发表《孔子略史及其学说之地位》一文。[⑤]

在苏州中学期间，钱穆结识了顾颉刚。钱穆当时已开始写作《先秦诸子系年》，于是把书稿交予顾颉刚评读。顾颉刚的评价很高，"君之《系年》稿仅匆匆翻阅，君似不宜长在中学中教国文，宜去大学中教历史"，并表示将推荐钱穆前往中山大学任教。不久，钱穆果然收到中山大学的电报，但因为苏州中学校长的挽留而推辞。钱穆又以《刘向歆父子年谱》一文投稿《燕京学报》，在1930年6月获得刊出。这次投稿也是在顾颉刚的鼓励邀约之下而成。

---

① 江苏省立第一师范学校参观记[G]//陈元晖. 中国近代教育史资料汇编. 上海：上海教育出版社，1994：931-932.
② 江苏省立苏州中学. 苏中校刊[M]. 苏州中学，1928（1）.
③ 汪懋祖. 苏中事业之回顾与展望[J]. 苏中校刊，1933（150）.
④ 江苏省立苏州中学. 苏中校刊[M]. 苏州中学，1928（1）.
⑤ 韩复智. 钱穆先生学术年谱（一）[M]. 台北：国立编译馆，2005：360.

中国文化教育视野下的通识教育——论钱穆"通学"教育思想

1930年秋,在顾颉刚的推荐之下,钱穆赴北京的燕京大学任教国文,但在燕京大学的执教只有短短一年。其间,钱穆关于学生考试评分与学校产生了些许争议,影响了他对在大学执教的看法。当时钱穆对一年级数名新生的月考成绩评判不及格,之后得知不及格的同学因此被退学。钱穆便与学校沟通,主动表示希望能为这几位同学改分数至及格,理由是一年级新生刚入学,有的同学还是从福建远道而来,退学之后学生们无处可去,而且自己是刚来大学教书,不知相关的规则,否则是决不会给学生不及格的分数。校方负责人认为这是钱穆自己的私情,而在不知规则之下评判的不及格,更显公正。钱穆坚持这件事情既是一人批分数,便是一人之"私",以私为公,觉得不安。最后的结果是钱穆改了分数,学生们没有被退学。但此事情让钱穆觉得在大学教书,既是一个职业,还是应当在职业之外有生活,而使职业与生活不相冲突的办法,就是专心治学,不涉人事。钱穆自己评价说这是绝无宋明书院精神,但是也是无可奈何。[①]1931年夏,得益于顾颉刚的推荐,已经回到苏州家中的钱穆收到了北京大学的聘书,获得去北大历史系任教的机会。[②]钱穆再回到北京,开始了大学历史教学的生涯,直到1937年随北京大学南迁。钱穆在北京的大学教育界执教近8年,在此期间,在北京大学、清华大学和北平师范大学开设历史学课程,也精心修改《先秦诸子系年》,并写成《中国近三百年学术史》。这两部重要著述,前者在1935年12月由商务印书馆出版,后者在1937年也由商务印书馆付梓。在这些著作中,中国学术史承载的学术精神成为钱穆在辨史实之外大力表达的内容。

---

① 钱穆. 八十忆双亲 师友杂忆[M]. 北京:生活·读书·新知三联出版社,2012:166.
② 顾潮. 历劫终教志不灰——我的父亲顾颉刚[M]. 上海:华东师范大学出版社,1997:142.

3.1 执教小学：启迪教育人生

钱穆在晚年回忆自己的小学教书经历，满怀喜爱之情，"回忆在小学时，……学校同事，情如家人兄弟。每校学生亦都在一百人上下，师生相聚，俨如一家。……故在小学中任教，总觉此心之安"。[1]这份安心，既来自刻苦自学的快乐，也源自教书的快乐。在三兼小学期间，校长秦仲立希望找一位共同读书之人，便邀请钱穆一起阅读自己的藏书，这第一本书便是严复翻译的金陵刻线装本《群学肄言》，后来又读严复翻译的《名学》。虽然钱穆之后还读过严复的其他译作，但对这两本书"受感最深，得益匪浅"。[2]

钱穆的奇思妙想也使他的课堂呈现出特别趣味。在"县四"时，一日深夜，钱穆醒来，脚触碰到蚊帐外的墙壁上，由此想到"臂"和"壁"两个字，"臂"在身旁，"壁"在室旁，便进一步联想凡是以"辟"做声旁的字，似乎都含有"旁边"义，便在第二天的国文课上把这些心得讲给了学生，这番情景恰好被当时正在学校视察的督学碰见，而获得称赞。[3]虽在小学任教，钱穆业已接触20世纪初中国社会涌现的新思潮，和当时的大多数青年一样，逐月看《新青年》，但又已决心重温旧书，"乃不为时代潮流挟卷而去"。[4]钱穆的《论语文解》可以说是其对"旧书"和小学教书生活颇感安心的结晶，而其后来在后宅小学开展的生活化教育实践，也体现出钱穆对教书育人的朴素热爱。[5]

---

[1] 钱穆. 八十忆双亲 师友杂忆[M]. 北京：生活·读书·新知三联书店，2012：160.
[2] 钱穆. 八十忆双亲 师友杂忆[M]. 北京：生活·读书·新知三联书店，2012：91.
[3] 钱穆. 八十忆双亲 师友杂忆[M]. 北京：生活·读书·新知三联书店，2012：98.
[4] 钱穆. 八十忆双亲 师友杂忆[M]. 北京：生活·读书·新知三联书店，2012：103.
[5] 彭红霞. 徐特立《国文教授之研究》探微[J]. 特立学刊，2013（6）：20-24.

3.1.1 以"文字"教学启发人生修养

  1912年,《教育部公布小学校令》规定,"小学校教育留意儿童身心发育,培养国民道德之基础,并授以生活所必需之知识技能为宗旨"。[①]同年,《教育部小学校教则及课程表》规定初等小学课程为修身、国文、算术、手工、图画、唱歌、体操等7种,高等小学校比初等小学课程增加本国历史、地理、理科3种,课程总数达10种。[②]小学国文课要旨,"在使儿童学习普通语言文字,养成发表思想之能力,兼以启发其智德"。[③]

  小学国文教学内容的丰富性在增强,这一点可以从比较1906年刘师培编写的《中国文学教科书》和1914年徐特立发表《国文教授之研究》得到一些说明。[④]《中国文学教科书》编有三十六课,围绕一个主题即"解字为作文之基"展开,从第二课到第四课分别是关于字音、字义和字形的起源,第六课至第十四课,分别是关于象形、指事、形声、会意、转注和假借,第十五课至第十八课都是关于字体变迁,第十九课至三十一课都是关于字音,第三十二课至三十五课是关于训诂学,第五课和第三十六课分别关于古代字类分析和字类分析法述略,[⑤]从中我们可以看到,刘师培这部教科书中几乎都是古典"小学"的结晶,基本全部是"六书之学"。[⑥]1914年徐特立发表《国

[①] 璩鑫圭,唐良炎. 学制演变——中国近代教育史资料汇编[G]. 上海:上海教育出版社,1991:653.

[②] 璩鑫圭,唐良炎. 学制演变——中国近代教育史资料汇编[G]. 上海:上海教育出版社,1991:695-696.

[③] 璩鑫圭,唐良炎. 学制演变——中国近代教育史资料汇编[G]. 上海:上海教育出版社,1991:691.

[④] 彭红霞. 徐特立《国文教授之研究》探微[J]. 特立学刊,2013(6):20-24.

[⑤] 刘师培. 中国文学教科书 第一上[M]. 国学保存会,1906,转引自王丽娜. 民国时期国学经典的教育观念变迁研究[D]. 成都:四川师范大学,2012.

[⑥] 汉代学者把汉字的构成和使用方式归纳成六种类型,总称六书。六书指象形、指事、形声、会意、转注、假借。"六书说"是关于我国汉字的产生、发展及其演变规律的一个重大创见。

第三章 文史课程教学：以"学术精神"贯通文史知识

文教授之研究》，提出教学目标四点，"知普通之言语""知日常之文字文章""养成表彰正确思想之能力""启发其智德"，并从文字的编排形式和使用文体，以及呈现内容的教育性、知识性和趣味性方面提出教材编写建议。如历史人文故事、自然现象、社会生活等与日常生活直接相关的内容，以及"诗歌及其他有辞采之文"的文学材料，比如童话、谜语等趣味生动又富有教育意义的文字，都可以成为国文学习的材料，并强调"不可以用普通说明法，致流于干燥"。关于教学方法，徐先生提出精深程度递升的六个方法，即"直观法"、字句解释法、义理说明法、诵读法、文法教授法、修辞教授法。[①]

在小学国文教学的发展空间变得越来越活泼的背景下，钱穆所作的《论语文解》更是带来古朴平实的气息。钱穆自述其作《论语文解》是受《马氏文通》的影响，《马氏文通》是一本什么样的书呢？《马氏文通》是由江苏人马建忠创作，在1898年首次出版。马建忠在《马氏文通序》中说："余特怪伊古以来，皆以文学有不可授受者在，并其可授受者而不一讲焉，爰积十余年之勤求探讨以成此编；盖将探夫自有文字以来至今未宣之秘奥，启其缄縢，导后人以先路"，[②]马氏所说的文学，不是指受众群体相对有限的作为欣赏对象的文学作品，而是指更基本的语言文字使用能力，所借由的分析工具来自"西文已有之规矩"，目的是通过分析汉语的语言结构来探索汉语的表达功能，或者说是修辞功能，"曲证繁引以确知华文义例之所在"。《马氏文通》结合汉语特点提出了九个字类，并以此为基础考查汉语的词语结构，进而扩展到汉语言的音节调配和语言表达的"辞气"，比如"汉文最浑厚，其名字多用双字，"[③]并把辞气和句法结构联系起来解读，比如"传信"与"传疑"，《马氏文通》在论字与句的时候，是结合"上下文"（或曰语境）来讲的，比如在论字类时说："字无定义，故无定类。而欲知其类，当先知上下之文义何如耳"。[④]马氏对语言风格也十分重视，提出从神、气、理三个方面

---

① 彭红霞.徐特立《国文教授之研究》探微[J].特立学刊，2013，(6)：20-24.
② 吕叔湘，王海棻.《马氏文通》读本[M].上海：上海世纪出版集团，2005：3.
③ 吕叔湘，王海棻.《马氏文通》读本[M].上海：上海世纪出版集团，2005：62-63.
④ 吕叔湘，王海棻.《马氏文通》读本[M].上海：上海世纪出版集团，2005：45.

中国文化教育视野下的通识教育——论钱穆"通学"教育思想

理解"文"之风格,并结合大量的语言实例,对省略、借代、比喻、倒文、顶真、反复、排比、层递等八种修辞手法进行了具体的分析。《马氏文通》被后代认定为中国现代语言学的奠基之作,奠定了我国的语法学体系。[①]

与《马氏文通》比较丰富的论述对象相比,《论语文解》关注的是句与句之间的"相续"。写作此书时,钱穆已在无锡县立第四高等小学任教,认识到"入高等小学,无不能造句者以矣。进而学为短篇之文字,则惟句与句之相续,所谓起承转结之四法者最重要",所以《论语文解》旨在帮助高等小学的学生"粗能属文",也为以后升入中学学习"具体而稍微精密之讲解"打下基础。对于中国人来说,汉语是母语,而学习母语是一个人精神生活的开始,母语承载的思维把文化中的新来成员带入过去,使其具备进一步发扬文化的基础。钱穆选择《论语》为文字教材,即是在选择以孔子人格为引导,把稚嫩的心灵引入中国文化关于人的美好修养的愿景中,借讲《论语》文字用法,可以帮助学生"稍窥经籍,以资修养之准"。[②]另外,《论语》所用的文字不复杂,比较易懂,也是钱穆选择《论语》做文字教学材料的原因。因此,以能启发人生大义的《论语》文字来讲解如何建构篇章,是《论语文解》的最大特点。全书的展开是循序渐进。以讲解"起"为第一章,之后各章分别为"承","起承变用","排对之文","转",最后以"变转"结尾。其所引用例句更是《论语》中的经典表达,比如以在讲时引用的"君子求诸己,小人求诸人""君子喻于义,小人喻于利"来讲解"对句",[③]以"兴于《诗》,立于礼,成于乐,志于道,据于德,依于仁,游于艺"讲解"排句",以"博学而笃志,切问而近思,仁在其中矣"解释"起承",以"吾十有五而志于学,三十而立,四十而不惑,五十而知天命,六十而耳顺,七十而从心所欲,不逾矩"展示排句的承起气势。总体来说,钱穆以《论语》文本讲解如何通过句子变化来达成文意的流转顺畅。

如何以中国经典典籍来进行国文教学,是钱穆对于国文教育思考的一个

---

① 宋绍年.《马氏文通》研究[M]. 北京:北京大学出版社,2004:33.
② 钱穆. 论语文解[M]. 北京:九州出版社,2011:序例,3.
③ 钱穆. 论语文解[M]. 北京:九州出版社,2011:序例,4.

第三章 文史课程教学：以"学术精神"贯通文史知识

重点。钱穆在1920年写的《中等学校国文教授之讨论》，提出中学的国文教学应以"辞达意、通古贯今、偏重修养"为目的。钱穆将中国散骈体文分为四期，以分析各时期文字作品的风格特点。第一期自老子迄西汉司马迁，钱穆称其为"著述文"，以《老子》《论语》《墨子》《孟子》《庄子》《荀子》《韩非子》《吕氏春秋》《淮南子》《太史公书》等为代表；第二期自司马相如以下迄初唐，大体为"藻饰文"，《文选》可为其代表；第三期自韩愈以下迄清末，大体为"格调文"，古文辞类纂为其代表；第四期即自民初新文化运动以来的"欧化文"。他认为，第二期文字"多属无意尚淫辞，否则亦以淫辞而害本意"，第三期文字"以意害辞。其含有不便直达之意，而古跳跃隐掩其辞以达之。其意病在不高洁，其辞病在不坦白"。[1]钱穆推崇第一期的文字，认为其优点是直捷、爽快、明白、洁净。对于从高等小学毕业进入中学一二年级的学生，第四期文字是较好的学习材料，再以少数的第一期文字中的浅短作品补充，对于中学三四年级的学生，应主要以第一期的著述文为主要学习材料。

除了阅读材料的选择外，钱穆还以作文为例，论述如何练习文字的运用章法，即老师如何教学生写作文。钱穆以定题作文为例，认为文章本来就是为表达意思而作，写文章的人并不是从一个预先设定的题目出发而写文章。如果要定一个题目，也是以文章要表达的要点为题，以方便读者理解。作为教师，在为学生规定作文题目时，应该在题目中明确表达待论述的事理为何，不能咬文嚼字，限制学生的自由发挥。钱穆以柳宗元《始得西山宴游记》为例，说明好的文章题目经常出自偶然的兴趣，倘若机械性地模仿这些题目而写作文，就只是"八股余习"了。因此，教师指导学生写作文，最好是指示一个具体的可供学生观察的事情，比如公众事件、交通道路、通俗教育等，而学生可以灵活地从自己的兴趣点出发写文章，再为文章拟一个标题，便是一篇作文。不仅写作文可以练习文字的应用能力，写读书笔记也是一个好方法。教师可以指定阅读书籍，学生可以对书中文字展开解释或表述心得体会，教师也可以提出一个问题，让学生在阅读中思考问题，再以文章

---

[1] 钱穆. 中等学校国文教授之讨论[M]//文化与教育. 北京：九州出版社，2012：256.

来展开论述，或者鼓励学生看书遇到感悟处便写下文字。[①]从钱穆对于写作文方法的建议，可以看出钱穆对于文字学习寄托了很多期待。文字学习，是一个培养兴趣，培养探索，鼓励个人发表思想，帮助个人突破私人狭隘意见而见识公共道理的途径。[②]文字，在钱穆的思考中，同时具有塑造精神品格和创造文化的力量，学习语言是学习意境之感化修养，所以是谓精神品格陶冶；也是学习艺术之运用，学习语言是为贯古通今，需要了解国故，也要熟悉时务，所以是谓创造文化。[③]

3.1.2 后宅小学改革：关于生活教育的中国探索

在钱穆一生的为师生涯中，做过两次校长，一次是创办新亚书院并担任校长，另一次是在1919年至1922年间担任后宅镇泰伯市立第一初级小学校长。1919年夏天，钱穆当时还在县立第四高等小学任教，在县四遇见市督学许湘涛来县四请安若泰先生去任后宅小学校长，安若泰拒绝，钱穆便自告奋勇地争取到这个机会。钱穆争取做小学校长的原因有两个，第一个原因与杜威（John Dewey，1859—1952）有关，是受到杜威关于教育的演讲启发。1919年4月，杜威及其夫人应蔡元培、胡适等人的邀请，经过日本来到上海，本是打算做短期旅行，但感于中国教育界的热情，直到1921年7月才离开中国。这期间，杜威到达了中国的东部和中部的很多地方，举办了200多场的演讲，中国书报界对其的报告不计其数。[④]钱穆也是在报纸上读到杜威的教育思想，意识到杜威所论和中国传统教育思想有很大不同，因此希望能再回到初级小学，能够与年龄较小的孩子们接触，将自己的教育经验扩展到课堂授课之外，以更好地理解中国传统和现代外国的教育思想的异同点和各自的

[①] 钱穆. 中等学校国文教授之讨论[M]//文化与教育. 北京：九州出版社，2012：268.
[②] 钱穆. 中等学校国文教授之讨论[M]//文化与教育. 北京：九州出版社，2012：268.
[③] 钱穆. 中等学校国文教授之讨论[M]//文化与教育. 北京：九州出版社，2012：254.
[④] 李剑萍，杨旭. 中国现代教育之大家与大事[M]. 广州：广东教育出版社，2011：151.

第三章　文史课程教学：以"学术精神"贯通文史知识

优劣处。第二个原因与钱穆本人的国文教学有关。当时的初级小学国文课开始讲授白话文，钱穆想亲自真实地了解白话文学习对语言初学者的好处与弊端。因此，在督学许湘涛承诺钱穆在"学校行政及课程编排"上有"绝对自由"，并且能够帮助钱穆抵挡可能会有的来自不同方面的异议之后，钱穆开始了在后宅初级小学的工作。

钱穆的教育设想，"当使一切规章课程尽融在学生之生活中，务使课程规章生活化，而学生生活亦课程规章化，使两者融归一体，勿令学生作分别观。"如何使"学校章则生活化"？"欲使学校章则生活化，此事较复杂。首先，余意欲废止体罚，勿使学生视学校章则如法律，误认为一切规矩皆是外面加上之束缚。使规矩能生活化，岂不是教育上一大目标乎？"[1]为了达到这一目标，钱穆想到"废止体罚"是首要，再就是建立同学之间相互友爱的良好情谊。

在钱穆晚年回忆中，记述了较多关于一位叫杨锡麟的学生的事迹，从中可以得知生活化教育之一二。钱穆关注到杨同学，是因为杨同学在下课后独自留在教室，而当时钱穆作为校长已经告诉全校同学，鼓励同学们下课后到操场上自由活动玩耍。钱穆问起杨同学独自留下的原因，才知道是以前违反校规，被前任校长禁止无事离开教室。钱穆马上说前任校长已经离开学校，这个规定不再有效，准许杨同学去室外玩耍。但又一会儿，同学们又簇拥杨同学来到办公室，说杨同学在操场杀了一只青蛙。钱穆没有批评杨同学，但此之后，杨同学和其他学生之间相处不融洽自然，而这个境况的改善是得益于杨同学展示的美妙歌喉。杨同学之所以能很好地表现音乐才能，源于钱穆对其良好听力的发现。在多次的课堂"听写"训练中，钱穆都发现杨同学能准确地默写出所听内容，就意识到杨同学的听觉不错。果然，钱穆尝试以琴声伴奏，杨同学"音节声调皆祥和，温雅有致"。在第二天的唱歌课上，钱穆便邀请杨同学独唱，特意在演唱进行中停止弹琴，以突出杨同学的歌声，这使得其他同学非常惊喜。后来，杨同学还参加学校的音乐表演，"得满座

---

[1] 钱穆. 八十忆双亲 师友杂忆[M]. 北京：生活·读书·新知三联书店，2012：118.

中国文化教育视野下的通识教育——论钱穆"通学"教育思想

之掌声"。此后,同学们不再和杨锡麟有隔阂,杨锡麟也"意态渐发舒"。[①]现在并不知道钱穆是不是特意为了改善杨同学与其他同学的关系而来培养杨同学唱歌,但这个过程带来的结果是令人愉快的,也可见对于教育的生活化而言,是要以教育培养能参与生活的美好事物与感情。

钱穆还鼓励小同学们给他写信,在学校发通告,请同学们回答下列问题,"你情愿是吃的好些还是穿的好些?你在家里怕的人是哪个?(没有怕的就写没有),你现在物品最中意哪一件?倘使你现在有钱,你要买一件什么东西?你喜欢和谁谈话?你要问我什么,也请你写在下面",[②]并请同学们把信放在学校邮筒里寄给他。可以想象,钱穆对于学生的普遍的关心,并力图拉近学生与老师之间的距离的努力。

为了达到"课程生活化"的目标,钱穆首先拿"体操"与"唱歌"这两门课程做试验,其具体的操作方式在于"废去此两课",而代之以每天上下午的体操与唱歌活动,全校师生同时参加。作为国文教师,作文课程成为钱穆实践课程生活化的舞台。

钱穆告诉学生,作文就像说话,如何说如何写,只把口中想说的如实写出来。比如,钱穆让学生以"今天的午饭"为题写小作文,并从习作中选出一句话,"今天午饭,吃红烧猪肉,味道很好,可惜咸了些",就此启发学生,说话作文一定要有曲折,就如这"可惜咸了些"一句。又一次,钱穆讲了《技击余谈》中的一个故事,让学生听完故事后用自己的语言叙述一遍。故事中说"有五兄弟,大哥披挂上阵,二哥又披挂上阵,三哥亦披挂上阵,四哥还披挂上阵,五弟随之仍然披挂上阵"。学生们多是把口述内容直接写成文字,钱穆便指出虽然作文章应如说话一样自然,但行文应当简洁,便将林纾的原文"命此六人者赤足践过之。以次渐过,至第六郎,六郎不可"教给大家,以帮助大家认识冗余和简洁的区别。[③]

课程生活化还体现在把生活中的内容纳入学习中。也是在作文课上,钱

---

① 钱穆. 八十忆双亲 师友杂忆[M]. 北京:生活·读书·新知三联书店,2012:118–121.
② 钱行. 思亲补读录—走近父亲钱穆[M]. 北京:九州出版社,2011:72.
③ 钱穆. 八十忆双亲 师友杂忆[M]. 北京:生活·读书·新知三联书店,2012:125.

第三章 文史课程教学：以"学术精神"贯通文史知识

穆将学生带到郊外的树林，大家围坐在树下，写下自己观察到的景物。写好之后，同学们首先陈述自己的作品，再集体讨论各自的描写。钱穆发现同学们在描写风的时候，没有注意到树林风声的特点，因为"松针很细，缝隙又多，风从松针之间穿过，发出来的声音自然和别处不同"。又一天下雨，钱穆便让学生在走廊观察雨水，问学生下的是什么雨，学生竟答说是黄梅雨，又问黄梅雨和其他雨水的不同之处，学生们也纷纷表达。顺着这些讨论，钱穆再让学生们写关于黄梅雨的小作文。① 钱穆还让学生在课堂上讲述自己所知道的故事。听完之后，钱穆从中选择一个最动听的故事，或让学生径直下笔为文，或跟学生一起前往故事发生地点察看之后再写。每写一篇文章，钱穆都要跟学生一起讨论，直到其语言仿佛从自己胸中流淌而出，或者所写对象栩栩如在眼前。经过钱穆别出心裁的教导，学生不但不以作文为苦事，反而把作文当成是自己日常生活中的一件乐事。像这样的作文课上了半年之后，学生们在写白话文章时，不仅能比较丰富地应用文字，"最短的不少于两百字，最多的能有七八百字"，也能基本做到文从字顺，条理明畅。②

钱穆的生活教育改革是不是直接受到杜威的"教育即生活"的启发，这一点无从考证。钱穆的规章和生活一体化的目的，是使生活不仅是依据习惯，还要能依据理想，这样生活也才有意义，而课程与生活一体化是表达了钱穆对于知识来源的看法，是钱穆思考如何建立学问与人的深层联系的最初探索。

虽然这些教学经历颇有趣，也体现了"善师法，善变化，喜新知，勇创见"的为学为教的特点。③ 但是，从钱穆的回忆中得知，这一次的学校改革是了了结束。1922年秋天，钱穆离开后宅初级小学，离开的一个主要原因是他发现除了士绅子弟会去外地继续升学读书，很多镇上小商人家的孩子在学业结束后，不会再继续读书，而是开始做些活计，因此感到有点儿失望，"念余在此教读，心力交瘁，积年读书工夫亦多放弃，而所得仅此"。④ 如何看待

---

① 钱穆. 八十忆双亲 师友杂忆[M]. 北京：生活·读书·新知三联书店，2012：126.
② 钱穆. 八十忆双亲 师友杂忆[M]. 北京：生活·读书·新知三联书店，2012：126.
③ 严耕望. 钱穆宾四先生与我[M]. 台北：台湾商务印书馆，1992：8.
④ 钱穆. 八十忆双亲 师友杂忆[M]. 北京：生活·读书·新知三联书店，2012：128.

钱穆的失望？首先，钱穆没有充分意识到在这个时期的中国，基础教育的意义和价值正是为从事普通劳动而读书深造机会不多的年青人提供基本的生活技能和帮助他们形成良好的人格修养，也就是说钱穆没有充分认识到其所从事的小学工作的价值。其次，钱穆没有充分理解生活和读书的关系。虽然钱穆的改革设想是促使学生的生活和课程规章能一体化，但何为"生活"？钱穆在这个时候的理解比较单薄，因为这些年轻人在学校外的做工劳动也是重要的生活。出现这个理解性偏误的原因，主要与钱穆个人爱好读书的强烈志向和其父母对于后辈寄托的读书希望有关。钱穆的父亲去世后，家境非常艰难，家中族人便为钱穆的哥哥找到在苏州和无锡商店做伙计的工作，钱穆的母亲坚决地婉拒，坚持要遵守钱穆父亲的遗嘱，培养钱穆兄弟读书。

不过，读书与生活的关系，这的确是一个中国教育现代发展过程中要处理的问题。1922年11月，国民政府颁布"新学制"，即"六三三"学制，同时拟定了七项教育发展原则：（1）适应社会进化之需要；（2）发扬平民教育精神；（3）谋个性之发展；（4）注意国民经济力；（5）注重生活教育；（6）使教育易于普及；（7）注意多留各地方伸缩余地。[①]从这七项教育标准来看，教育对象和内容的"平民化"与"实践性"是推动教育发展的着力点。1934年钱穆发表文章《学问与生活》，对读书与生活的关系进行了解读。在这篇文章中，钱穆针对中国社会动荡，年轻人很少有机会能完整地接受从小学到大学教育的实际情况，提出学校需要教导关于人生的素养和指导，这样才能避免学生离开学校后进入一个各方面还待建设的社会生活，而把关于个人应该如何生活的摸索陷入混乱中的结局。实际上，钱穆写这篇文章的缘起是痛惜当时在北京大学历史系读书的孙以悌同学的自杀。因此，钱穆认为力求学问与人生的接近是教育的重点。这些思考为钱穆在20世纪40年代提出"通人"与"通学"积累了思想资源。

---

① 孙培青. 中国教育史[M]. 上海：华东师范大学出版社，2009：394.

3.2 "通学"之源：中国学术大流

钱穆在1923年秋至1927年间，执教于位处无锡的江苏省立第三师范学校。1914年，民国政府教育部组织了对普通教育和师范教育的考察，考察了江苏省的无锡第三师范、吴县第一师范、上海第二师范和江宁第四师范，结论是"校风严整，学科完善，以无锡第三师范为优"。[①]傅宏星先生指出，钱穆所言"文字学"课程，在三师的课目表中正式名称应该叫"文字源流"，属于必修课。关于"文字学"的讲义《师友杂忆》回忆说："第一年文字学，讲六书大义，以篇幅未充，未付印，今已失之。"[②]之后，这三门课程的讲义都出版，《论语要略》《孟子要略》由大华书局出版，《国学概论》由商务印书馆出版。

钱穆在这个时期的生活也不尽是顺利的讲课著书。1928年夏秋之交，钱穆的妻子和新生婴儿相继病逝，钱挚回家为钱穆料理丧事，因疲劳过度导致旧病突发，也不幸离世。两月之间，钱穆连遭三丧，"儿殇妻殁，兄亦继亡，百日之内，哭骨肉之痛者三焉。锥心碎骨，几无人趣。"[③]

---

① 视察学务总报告[G]//陈元晖. 中国近代教育史资料汇编：实业教育师范教育. 上海：上海教育出版社，1994：647.
② 据张京华教授的记载，张教授于数年前在镇江旧书店获见钱穆这部文字学讲义，题名《文字学大意》。讲义为宣纸油印线装，近60页120面。封面、目录及书口三处都印有书名，但书口中间部分若干页印作"文字源流"。目录一页，书名下题"无锡钱穆编"，署有编定日期"十三、六、十九"。内容共三章六节，三章的标题由"生成期""发达期""完成期"构成，六节的标题分别为："文字之发生——六书中之象形""文字之成立——六书中之指事""图绘文之变进——六书中之会意""符号文之变进——六书中之形声""字义之归纳——六书中之转注"与"文义之演绎——六书中之假借"，可知这部讲义的主线确实是讲六书大义。[参考：张京华. 钱穆先生的一种集外佚著[N]. 中华读书报，2011-02-16（013）]
③ 韩复智. 钱穆先生学术年谱（一）[M]. 台北：国立编译馆，2005：162.

3.2.1 由学见人：《论语》与孔子人格

钱穆的《论语要略》是一部专门探讨《论语》内容的专著，此书写成于1924年。在钱穆看来，《论语》的价值即在表现孔子的为人。首先，如何从学问中了解做学问之人的为人？钱穆认为可以从三个方面入手，第一是"一生之行实"，第二是"日常琐事中表现出来的人之性情"，第三是"学说大体"。[①]其次，如何从《论语》了解孔子的为人？第一，是去了解孔子的交游、行迹以及他所处的时代背景，"凡孔子当时之政治情势，社会状况，以及学术界之风尚，士大夫之生活，人民之心理，及孔子当身所交接之人物，所经过之城邦，均当一一顾及"；[②]第二，仅读《论语》的原文是远远不够的，而应当兼读历代各家的注释，从中可以获得更多关于《论语》的知识和信息，这是研读《论语》的第三个步骤，"取历来学者对于《论语》一书之注释发明，择要浏览；不徒可以为读《论语》原文之一助，亦藉此以见各时代学者对于《论语》一书之意见与态度为何如，而孔子对于后世之影响亦从可知也"；[③]第三，对孔子的思想进行辨别，"孔子为二千五百年以前之人物，孔子学说思想为二千五百年以前之学说思想，吾侪生二千五百年以后，读其书，不可以不知时世之差"。[④]不过，钱穆自评说《论语要略》中主要是解读"孔子事略""学说大要"和"弟子言行"，对于《论语》文本的内在条理和《论语》与"我侪切身切事有关系之事项"的阐发不多。[⑤]

在解读"孔子事略"中，钱穆的讲述由两部分构成，一部分是讲解了孔子先祖事迹、孔子少年时期的好学知礼和孔子成年后的游历经历，一部分是讲解孔子的日常生活。对于第一部分的内容，"孔子往齐""孔子返鲁""孔

---

① 钱穆. 论语要略[M]//四书释义. 北京：九州出版社，2012：10.
② 钱穆. 论语要略[M]//四书释义. 北京：九州出版社，2012：11.
③ 钱穆. 论语要略[M]//四书释义. 北京：九州出版社，2012：19.
④ 钱穆. 论语要略[M]//四书释义. 北京：九州出版社，2012：11.
⑤ 钱穆. 论语要略[M]//四书释义. 北京：九州出版社，2012：12.

第三章　文史课程教学：以"学术精神"贯通文史知识

子南游陈蔡"和"孔子自卫返鲁"是主要内容。^①在本着《论语》文本讲解孔子生平经历的同时，钱穆援引了《史记·世家》《左传》《墨子·非儒》，《吕氏春秋》等文献以提供关于孔子生平更丰富的细节。^②对于第二部分孔子日常生活的讲述，钱穆以"平居之气象""哀乐之情感""日常之谈论""应事之态度"来展现孔子为人处事的风格，并以"弟子之诵赞"与"孔子之自述"来补充对于孔子人格的描述。^③

在解读孔子学说中，钱穆以"论仁""论直""论忠恕""论忠信""论礼""论道""论君子"和"论学"为题目，详细讲解了孔子关于人格修养和社会伦理的思想。^④正是关于这两点的思想，在钱穆看来，是孔子学说的精神所在。在记述孔子的弟子言行部分，钱穆选取了颜渊等20位弟子作为讲述对象，也是以《论语》文本和其他史籍为补充资料，展示不同弟子的不同性格，从侧面描绘孔子的言行。

自清末以来的中国社会思想变迁中，对于孔子的争论是一个焦点：或是批判孔子的保守，认为孔子以强调"孝"强调服从，否定平等独立，养成了中国人的奴隶之性，诈伪之性及怯懦之性，^⑤呼唤摆脱对孔子的信奉，"古人也是人，我们也不见得不是人。……就是什么心肝，什么灵魂，什么思想，一样一样的比起来，我怕'后来居上'那四个字，倒不欺人呢"。^⑥到20世纪20年代中期，面对民国初年中国社会混乱的局面，又有声音开始提倡建立"孔教"，于是围绕孔子学说是否为宗教，以及是否建立孔子为国教的问题，出现了很多争论。^⑦

彼时的钱穆还在中学做国文老师，没有直接参与到关于"孔教"的争论

---

① 钱穆. 论语要略[M]//四书释义. 北京：九州出版社，2012：17-31.
② 钱穆. 论语要略[M]//四书释义. 北京：九州出版社，2012：18, 27, 28.
③ 钱穆. 论语要略[M]//四书释义. 北京：九州出版社，2012：42-54.
④ 钱穆. 论语要略[M]//四书释义. 北京：九州出版社，2012：55-90.
⑤ 耿云志. 近代中国文化转型研究导论[M]. 成都：四川人民出版社，2008：208.
⑥ 张枬，王忍之. 辛亥革命前十年间时论选集 第一卷下册[G]. 北京：生活·读书·新知三联书店，1960：532.
⑦ 耿云志. 近代中国文化转型研究导论[M]. 成都：四川人民出版社，2008：207.

中国文化教育视野下的通识教育——论钱穆"通学"教育思想

中,但是从其在1947年在江南大学任教时为《孟子要略》写的弁言中,可以看出钱穆讲解孔子与孟子的真正目的,是表达他的文化主张。《论语要略》出版之后,《孟子要略》也得以出版。《孟子要略》中钱穆提出孟子思想对于中国学术的三个贡献,"发明性善之义""言养气"和"言知言"。[①]为什么钱穆认为这三点对于中国学术很重要?第一,钱穆认为"性善"是中国传统文化的寄托。人类社会缺少"人性之善"的信念,就沦为"权力欺诈杀伐之场",只能依靠法律维持社会秩序。但是法律的效果不是无限的,就需要宗教来补充,而宗教,不外是"上帝""释迦"和"庄老",都有"破弃人类,归之虚无寂灭的倾向"。[②]只有相信人性善,则人生不虚无,政治与文化都能有所期待。第二,钱穆认为孟子所提的养浩然之气,是个人与千古众人求"同道"的工夫所在。这样,个人就不会产生对于个体生命的短暂与渺小的悲观感。第三,钱穆认为孟子把"知"的可能性放在"人性"之可知上,是找到了人如何尽"己心"而达"性善"的道路。"上求之千古群心之同,近反之一己当心之独,而有以见其会通焉,斯可以证人性之善,而知言之学亦尽于此矣"。[③]把这两本书结合起来看,钱穆试图通过讲解《论语》和《孟子》而阐发个体应该在动荡的社会中如何生活的苦心孤诣跃然纸上。

钱穆对孔子的理解,是从《论语》对于具体的实人实事的关怀开始,理解中国文化的人文精神特点,既是把学问和人的生活联系起来,"孔子思想,本于人心,达于大同。始乎人文,通乎天地。其亲切、平实、简易、单纯之教育宗旨与其教育方法,必将为世界文化奠其基础,导其新生。"[④]因此,钱穆认为孔子思想就是如何做道德的人的思想,而人在道德意义上的平等和追求高尚道德的自由与独立,正能解决现代社会人不知以何来安身立命的困境,也是在这个意义上,钱穆认为孔子学说的精髓,不仅对于中国文化的复兴有意义,也对世界文化的繁荣有价值。

---

① 钱穆. 孟子要略[M]//四书释义. 北京:九州出版社,2012:123-124.
② 钱穆. 孟子要略[M]//四书释义. 北京:九州出版社,2012:123.
③ 钱穆. 孟子要略[M]//四书释义. 北京:九州出版社,2012:125.
④ 钱穆. 孔子思想与世界文化新生[M]//孔子与论语. 北京:九州出版社,2011:388.

3.2.2 《国学概论》之"总揽通观"

钱穆所著《国学概论》是基于在无锡三师讲授"国学概论"课程的讲义而成，前七章成于无锡三师，后三章是在苏州中学继续完成的。[①]在20世纪50年代《国学概论》再版时，钱穆总结说在20世纪20年代，就国学概论讲授的情况看，学生们还是能接受，三十年过去，中学的程度没有提高，反而降低，就国学课程而言，缺乏有"总揽通观"格局的讲授，因此希望这本书能帮助研究国学的学者多了解一些学术流变趋势。[②]

钱穆在序言中说国学是"时代的名词"，[③]20世纪20年代和"国学"这一名词有什么关系呢？1923年，胡适说"国学，是国故学的简称"，[④]根据胡适1919年的说法，"整理国故"是"我们对于旧有的学术思想，积极的只有一个主张，就是'整理国故'。整理就是从乱七八糟里面寻出一个条理脉络来；从无头无脑里面寻出一个前因后果来；从胡说谬解里面寻出一个真意义来；从武断迷信里面寻出一个真价值来"。[⑤]在胡适看来，国学是由清晰的研究意识构成的一个研究领域，研究对象是"中国的一切过去的文化历史"，而这个研究对象既包含"国粹"也包含"国渣"，本身不能自我说明价值，因此需要应用"索引式整理""结帐式整理""专史式整理"等方法来研究。研究目的是"各家都还他一个本来真面目，各家都还他一个真价值"，"用完全中立的眼光，历史的观念，一一寻求各家学说的效果影响，再用这种种影响效

[①] 钱穆. 国学概论[M]. 北京：商务印书馆，1933：1.
[②] 钱穆. 国学概论[M]. 北京：九州出版社，2011：再版附识.
[③] 钱穆. 国学概论[M]. 北京：商务印书馆，1933：牟言，1.
[④] 罗志田. 国家与学术：清季民初关于"国学"的思想论争[M]. 北京：生活·读书·新知三联书店，2003：245.
[⑤] 胡适. 中国哲学史大纲[M]//欧阳哲生. 胡适文集 第6册. 北京：北京大学出版社，1998：183.

中国文化教育视野下的通识教育——论钱穆"通学"教育思想

果来批评各家学说的价值",以真正明白"古人的意义"。[1]

在20世纪20年代,"国学"不再指不受西学干扰的、在西学进入之前的"中国固有之学问",而是指运用了西学方法对传统学术所进行的研究。整理国故的兴起客观上丰富了人们对国学内涵的认识。这也影响了教育界对国学课程的态度。曹聚仁在文章中就直呈国学课程的受欢迎程度:"那些替青年配国文菜单的人,哪一个不把这一味大菜列入;甚而至于像杨贤江先生那样清楚的头脑,在开高中读物单,也不舍得抛弃这味大菜。你看:现在哪一个高中不把《国学概论》列在课程之一。假使予同先生肯把大学入学试验标准书看一看,也会发现《国学概论》是标准书之一,所以《国学概论》尽管是空疏的无聊的,而他的影响或者竟比章太炎先生的一切著作大些。"[2]尽管曹先生的语气值得玩味,但国学课程的普及确实能传递出当时学界和教育界寄于学生后辈的期待。

面对热烈的国学争论,钱穆很清楚地认定中国传统学术中没有特定的"国学"类别,"'国学'一名,前既无承,将来亦恐不立",只是在西学冲击之下,在中国学界才有了"国学"之说。"学术本无国界",钱穆看重的是中国学术本身的内容。《国学概论》课程的目的是"其用意在使学者得识二千年来本国学术思想界流转变迁之大势,以培养其适应启新的机运之能力"。[3]编写原则是参照梁启超《清代学术概论》的历史分期方法,[4]阐发的展开也是史料与论证兼有,"本书为便学课诵览,凡称引所及,以及辨证论难,均散入小注,而正文仅为纲要。读者须兼观并览,始得尽其意趣",[5]凡在正文中发起一个论点,总是援引很多相关史料来支持这一论述,这正是为了让读者尽得"思辨"的意趣。

《国学概论》分为上下两篇,上篇共七章,从先秦诸子一直叙述到隋唐

---

[1] 胡适. 中国哲学史大纲[M]//欧阳哲生. 胡适文集 第6册. 北京:北京大学出版社,1998:183.
[2] 曹聚仁. 再论国故与现代生活:兼致意圣陶予同两先生[J]. 文学周报,1926(237).
[3] 钱穆. 国学概论[M]. 北京:商务印书馆,1933:牟言,1.
[4] 钱穆. 国学概论[M]. 北京:商务印书馆,1933:牟言,1.
[5] 钱穆. 国学概论[M]. 北京:商务印书馆,1933:牟言,2.

第三章　文史课程教学：以"学术精神"贯通文史知识

的经学与佛学；下篇共三章，包括宋明理学、清代考据学和最近之学术思想。虽然钱穆没有直接参与到"整理国故"的论争中，其对"国学"所持的态度也很朴素，但在《国学概论》的最后一章论述"最近期之学术思想"，所针对的就是"当时以中学青年，皆好纵读新出杂志报章，于并世学派思潮，尤喜分曹辩论，各抒己见"，[1]因此"不得不略述大端，开示途辙"，[2]可见钱穆并不是埋首于传统学术文化而不闻世事，而是敏锐地感受时代风潮中的学术风气和处于时代风气之中的青年学子的思想状态。

《国学概论》前三章分别为"孔子与六经""先秦诸子"和"嬴秦之焚书坑儒"，主要线索是由孔子开启的平民之学的命运。在"先秦诸子"一章中，钱穆认为孔子把当时世道混乱的原因归于贵族不守礼，因而孔子的"知礼"是为了"矫世"，而孔子"所谓诸子学者，虽其议论横出，派别纷歧，未可一概，而要为平民阶级之觉醒，则其精神与孔子为一脉"。[3]在这里，钱穆明确提出学术发展和政治力量约束之间的紧张关系。在论述"焚书坑儒"时，钱穆认为秦朝的焚书坑儒并不是意图断绝学术传承，而是意在"行古者政学合一"，但是诸子之学的缘起就是"本为在下者以学术争政治。而其衰，则为在上者以政治争学术"，[4]一旦在学术风气上倡导政学合一，即是绝"诸子之学"的学脉。[5]

钱穆不完全否认学术与社会之间的互动，而是提倡学术精神要超越政治纷争，在更高层次上引导社会。钱穆把魏晋清谈的兴起归于王充提倡"内心批评"，突出了个人意识和乱世之中"士厌于经生章句之学"却也"无可为"。[6]在考察了嵇康、王弼、王衍等人的思想后，钱穆以"个人自我之觉醒"来总结魏晋南北朝这三百年的学术特点，认为此时学人们把"我"与环境和人生趋向对立起来，"所谓'我者'，或羁轭于外物，或牢锢于宿习，于

---

[1] 钱穆. 国学概论[M]. 北京：商务印书馆，1997：再版附识，2.
[2] 钱穆. 国学概论[M]. 北京：商务印书馆，1997：再版附识，2.
[3] 钱穆. 国学概论 上册[M]. 北京：商务印书馆，1933：38-39.
[4] 钱穆. 国学概论 上册[M]. 北京：商务印书馆，1933：65.
[5] 钱穆. 国学概论 上册[M]. 北京：商务印书馆，1933：79.
[6] 钱穆. 国学概论 上册[M]. 北京：商务印书馆，1933：144，150.

是而有环境，于是而有趋向"，所以要树立"我"，就要"忘人"以无环境，或者是"忘我"以无趋向。①但这样的"我"是无本而立，彰显的"趋向不立，则人生空虚，……则归宿无所。知摆脱缠缚，而不能建树理想。知鄙薄营求，而不免自陷苟生"。②钱穆对于导向"人生空虚"的玄学清谈的不满，再一次说明其对儒家直面人生的刚健精神的喜爱，肯定人本身的生存样态与更广泛的自然社会之间的关系。

不同于玄学清谈之后的"无累"之我，钱穆将宋明理学的思想主旨归结为"大我之寻证"，理由是魏晋时期"小我"单薄，不足以使人心安实，恰好遇到佛教，而依附于玄学清谈而发展起来的阴阳学说支持中国士人能够接纳"佛老"。但是佛家的"极乐世界"要求的戒律和生活方式与中国自古以来的社会维系之道"格不相入"，便再从心性来讲儒家的修齐治平。③但是宋明所讲修养偏重私人，而没有发展出新的社会性的礼乐秩序，"惟渐寻渐细，渐求渐近，乃舍本体而专论工夫，舍外物而专重我心"，④导致宋明理学逐渐流于空疏。这在实际上的无作为，被清儒的考据之风承接，所以钱穆感慨"中国思想界特质，除却人生实践，很难有大推演"。⑤

在论述中国近代新思想时，钱穆辨识出新文化运动中的文学革命，"实乃人生思想道德革命的运动"，⑥认为文学革命的成绩可以从"改换人生观"和"提出新思想新道德"这两点来发现，至于是不是真的推动了文学创作的发展，还待再讨论。钱穆在晚年回忆，说"白话新诗，然多乏诗味"，⑦似乎评价不高。同时，在钱穆看来，新文化运动在五四高潮之后，却又误导了青年，他引用陈独秀在1921年写的《青年的误会》一文，"说要注重问题，便想出许多不成问题的问题……说要改造思想，就今后当注重哲学不要科

---

① 钱穆. 国学概论 上册[M]. 北京：商务印书馆，1933：161.
② 钱穆. 国学概论 上册[M]. 北京：商务印书馆，1933：162.
③ 钱穆. 国学概论 上册[M]. 北京：商务印书馆，1933：60.
④ 钱穆. 国学概论 上册[M]. 北京：商务印书馆，1993：60.
⑤ 钱穆. 中国思想之主流[M]//世界局势与中国文化. 北京：九州出版社，2011：115.
⑥ 钱穆. 国学概论 下册[M]. 北京：商务印书馆，1933：154.
⑦ 钱穆. 八十忆双亲 师友杂忆[M]. 北京：生活·读书·新知三联书店，2012：51.

第三章　文史课程教学：以"学术精神"贯通文史知识

学……说要不可埋头读书，便终日奔走运动，把学问抛在九霄云外……说要有自治的能力，就不守规矩……说要自尊，便目空一切……"，①通过直接引用这些文字，钱穆也是间接表达了同样的看法。

在《国学概论》中，钱穆没有忽视中西文化争论的问题，提出由于新文化运动对中国自有文化的过激批判，已经引起"笃旧"者的反感，而且第一次世界大战的危机也引起人们对欧洲文化的谨慎质疑，因而才有中西文化争论的出现。钱穆以梁启超的《欧游心影录》和梁漱溟的《东西文化及其哲学》为例，赞同梁启超所说"东方文化未可全弃"，也更赞同梁启超此语的由来，一有西方重要学者承认中国思想的价值，二是如果中国文化全部都是无用，那中国社会岂不是一直是野蛮部落？②钱穆不赞同梁漱溟提出的对于西方文化要"全盘接受"和"根本改过"，认为这两者不能同时兼得。对于胡适所说"文化是民族生活的样法。民族生活的样法是根本大同小异的，……解决问题的方法不出大同小异的几种"，③钱穆认为这个观点可以矫正梁漱溟所所提的中西文化根本相异的说法。④但钱穆认为这些争辩只是在弥补新文化运动的偏颇之处，并不具有积极有力的建设意义。至于科玄论战，钱穆也认为没有重大意义，之所以有科玄论战，是源于反对用科学包办人生，而支持用科学指导人生观的论点也无法证明人类的人生观的确可以统一至绝无"异态"，也就是说，这场争论的两方在关于"科学"与"人生"的关系上并无绝对对立，因而这场争论只是中西文化争论的余波。⑤

钱穆总结"求变"心理，"盖凡此数十年以来以为变者，一言以蔽之，曰求救国保种而已"，⑥认为误区在于由"求变"转而"弃故"，"有以救国保种之心，而循至于一切欲尽变其国种之故常，……复因此而对其国种转生不

---

① 钱穆. 国学概论 下册[M]. 北京：商务印书馆，1933：159.
② 钱穆. 国学概论 下册[M]. 北京：商务印书馆，1933：162-163.
③ 钱穆. 国学概论 下册[M]. 北京：商务印书馆，1933：167.
④ 钱穆. 国学概论 下册[M]. 北京：商务印书馆，1933：168.
⑤ 钱穆. 国学概论 下册[M]. 北京：商务印书馆，1933：174.
⑥ 钱穆. 国学概论 下册[M]. 北京：商务印书馆，1933：176.

甚爱惜之念，又转而为深恶痛疾之意，而唯求一变故常以为快者"。[①]钱穆批判这种以减灭爱国之心为代价的"求变"是"失其本心"，质疑对于中国自有的一切都否定将会导致对这个国家的生存价值的否定。因而，钱穆赞同三民主义，主要在于其提出的民族自信，并认同民族盛衰在于民族文化的发展，"要能够不断继续创造文化，发展文化，终有民族的生命"。[②]如何创造文化？"第一在恢复民族的道德，第二在努力学西洋的科学"。[③]钱穆对于这两点的提出是综合了新文化运动以来关于科学与中国道德的持续争论，从一味地把中国文化当作是反科学的加以批判，到认识到中国传统道德的价值，这个过程为将来的中国文化的发展打开了新路，所谓，"自此以往，学术思想之所趋，夫亦曰'民族精神之发扬'，与'物质科学之认识'是已。此二者，盖非背道而驰、不可并进之说也。至于融通会合，发挥光大，以蔚成一时代之学风，则正有俟乎今后之努力耳"。[④]从这里可以看到，钱穆对于中国文化精神的探索的渊源所在。

3.3 以"宋学精神"展"通学"价值

1931年，钱穆在北京大学历史系开"中国近三百年学术史"一课。因为在1923年秋至1924年春，梁启超曾在清华开设同门课程，并写成《中国近

---

① 钱穆. 国学概论 下册[M]. 北京：商务印书馆，1933：176.
② 钱穆. 国学概论 下册[M]. 北京：商务印书馆，1933：184.
③ 钱穆. 国学概论 下册[M]. 北京：商务印书馆，1933：185.
④ 钱穆. 国学概论 下册[M]. 北京：商务印书馆，1933：189.

三百年学术史》，钱穆在梁启超离世之后再开此课，引起很多关注。[①]钱穆沿用"中国近三百年学术史"，是基本上接受梁启超对中国自晚明以来的学术发展进程的判断。梁启超在20世纪20年代对学术史的研究是在力图寻求知识如何推动历史发展，"学术思想之在一国，犹人之有精神也，而政事、法律、风俗及历史上种种之现象，则其形质也。故欲貌其国文野强弱之程度如何，必于学术思想焉求之"，"有新学术然后有新道德、新政治、新技艺、新器物。有是数者，然后有新国、新世界"，[②]这也代表中国20世纪早期学术史的一个研究趋向，即探索"知识"动力推动下的社会文明的发展。钱穆写作《中国近三百年学术史》时，正值抗日战争全面爆发的时期，"斯编初讲，正值九一八事变骤起，五载以来，身处故都，不舍边塞，大难目击，别有会心"。[③]钱穆以明清三百年学术思想中隐含传承的民族思想作为学术史的底色，试图在学术史的教学中激发学生的爱国热情，体现出以学术助力"救亡"的意图。

3.3.1 推崇"两宋"精神

《中国近三百年学术史》自序说明了钱穆思考的救亡正途，"今日者，……言政则以西国为准绳，不问其与我国国情政俗相恰与否也。捍格而难通，则激而主全盘西化，已尽变故常为快。……苟有唱风教，崇师化，辨心术，覆

[①] 钱穆回忆在开设"中国近三百年学术史"期间，有一次接到电话询问有关书目的出处，而这个问题是在一周后上课时才会讲到，才得知原来爱学之士已经提前在北大讲义室预定讲义得阅，参考钱穆. 八十忆双亲 师友杂忆[M]. 北京：九州出版社，2012：173.
[②] 梁启超，近世文明初祖二大家之学说[M]//饮冰室合集文集十三. 北京：中华书局，1989：1.
[③] 钱穆. 中国近三百年学术史 上册[M]. 北京：商务印书馆，1997：1.

中国文化教育视野下的通识教育——论钱穆"通学"教育思想

人才,不忘我故以求通之人伦政事"。①钱穆是意图从"我故"中求"风教",而"风教"之兴在于师道,这是钱穆特别推崇宋学精神的重要原因。钱穆从宋学渊源讲起,"昌言师道,确立道统,则皆宋儒之所滥觞也。尝试论之,唐之学者,……上者建树功名,是谓入世之士。其遁迹山林,栖心玄寂,求神仙……归依释老,则为出世之士。……独昌黎韩氏,进不愿为富贵功名,退不愿为神仙虚无,而昌言乎古之道。……而乐以师道自尊,此皆宋学精神也","盖至是而师道立,学者兴,乃为宋学先河"。②宋学师道的典型体现是胡瑗。钱穆援引《宋元学案·安定学案》中所载刘彝的言论,"神宗问安定高弟刘彝,'胡瑗与王安石孰优?'对曰:'臣师胡瑗,以道德仁义教东南诸生时,王安石方在场屋中,修进士业……国家累朝取士,不以体用为本,而尚声律浮华之词,……臣师遂以明体达用之学授诸生,夙夜勤瘁,二十余年……出其门者无虑数千余人。故今学者明夫圣人体用,以为政教之本,皆臣师之功,非安石比也",钱穆认为这一评论说出了师道和宋学的本质精神,"宋学精神,厥有两端:一曰革新政令,二曰创通经义,而精神之所寄则在书院"。③

钱穆高度认同"以天下为己任"的宋学精神,不仅是在《中国近三百年学术史》"自序"中说:"夫不为相则为师,得君行道,以天下为己任,此宋明学者帜志也。"④在《国史大纲》中,钱穆也认为:"自宋以下的学术,一变南北朝、隋、唐以来之态度,都带有一种严正的淑世主义";"以天下为己任,此乃宋、明以来学者惟一精神所寄"。⑤钱穆对宋学精神的推崇不是停留在著书写文之上,也是鼓励钱穆在人生境遇不顺之时的精神信仰。1953年,钱穆为《宋明理学概述》作序,坦言"虽居乡僻,未尝敢一日废学。虽经乱离困厄,未尝敢一日颓其志。虽或名利当前,未尝敢动其心。虽或毁誉横生,未尝敢馁其气。虽学不足以自成立,未尝或忘先儒之矩矱,时切其向慕。虽垂

---

① 钱穆. 中国近三百年学术史 上册[M]. 北京:商务印书馆,1997:1.
② 钱穆. 中国近三百年学术史 上册[M]. 北京:商务印书馆,1997:2.
③ 钱穆. 中国近三百年学术史 上册[M]. 北京:商务印书馆,1997:7.
④ 钱穆. 中国近三百年学术史 上册[M]. 北京:商务印书馆,1997:2.
⑤ 钱穆. 国史大纲 上册[M]. 北京:商务印书馆,1995:793、861.

第三章　文史课程教学：以"学术精神"贯通文史知识

老无以自靖献，未尝不于国家民族世道人心，自任以匹夫之有其责。……自问薄有一得，莫匪宋明儒之所赐"，钱穆为自己能够呼应宋学精神而感到的欣慰之情跃然纸上。

《中国近三百年学术史》"引论"一章中也论及"晚明东林学派"。钱穆推崇东林书院，首先是继承了书院讲学风气，"明承元旧，又编五经四书性理大全，然后往者书院私人之讲章，悬为朝廷一代之令甲。亦犹夫熙宁之三经矣。功利所在，学者争趋，而书院讲学之风亦衰。其弊也，学者惟知科第，而学问尽于章句"，而东林书院"亦本经义推之政事，则仍北宋学术真源之所灌注也"，[1]东林讲学是宋学精神生命力延续的必然产物，"又以宋学重经世明道，其极必推之于议政，故继之以东林"。关于东林诸儒"对政治的清议"，钱穆从"明是非立纲纪"而论述人心之"真"，从"斥乡愿而进狂狷"和"倡节义"论述"是非"辨别之纯粹和坚定："故东林精神，即在分黑白，明是非，肯做忤时抗俗事。不畏祸，不怕损名，不肯混同一色，不愿为乡愿。"[2]以东林书院创始人顾宪成（1550—1612）讲学特色为例，钱穆指出："他并不在讲学，只是讲世道，讲人心。若人心早在节义外，而又同时在富贵利达中，则世道可想，哪还有学术之可讲？……则宪成眼光，只针对在现实的世道时风上求真理。这可说是东林讲学的新方向。"[3]在钱穆看来，"世道人心"是东林学儒讲学的根本意图，并真正地影响了东林书生的人生选择。"高景逸之从容就义，黄白安之慷慨赴难，吴霞舟之节烈，……无愧于顾径阳所谓节义之真，……不得谓非东林讲学之效"。[4]

东林气节也促使晚明学风的转变。钱穆比较"东林八君子"之一的高攀龙（1562—1626）与顾宪成讲学共通点，"可见攀龙与宪成，……都不在凭空追寻宇宙或人生之大原理，再把此原理运用到现实，或凭此原理衡量以往的历史。他们似乎更着眼在当前时代的实际情况，和已往历史的客观经过上。因此他们的理论，更像是针对着现实，……因此他们在思想上，似

---

[1] 钱穆. 中国近三百年学术史 上册[M]. 北京：商务印书馆，1997：7.
[2] 钱穆. 中国近三百年学术史 上册[M]. 北京：商务印书馆，1997：18-19.
[3] 钱穆. 宋明理学概述[M]. 北京：九州出版社，2011：353-354.
[4] 钱穆. 中国近三百年学术史 上册[M]. 北京：商务印书馆，1997：19.

乎都没有要自己建立一完整的体系，或信守某家某派的理论和主张。这一点，显然是一种新态度。"[1]在钱穆看来，顾氏与高氏二人不再把构建"宇宙论""人生论"放在思考的第一步，而是把当前现实和客观历史综合起来，从历史出发、以史学态度探索义理，汇成"经史之学"的"新态度"。这种新态度继承了"北宋综汇儒"的风格，即"经、史、文学兼通并重"，并影响了清初晚明学者如顾亭林、黄梨洲、王船山的治学风格，而挽起了中国治学的"尚通学为通人之大传统"，钱穆因此也盛赞"此真可谓在中国学术史上大放光明之一期"。[2]

3.3.2 批评乾嘉学风

在《国学概论》中，钱穆认识到在当时的学界，胡适和梁启超等人都推举过考据方法。比如胡适说"中国旧有学术只清代的朴学，确有科学的精神"，[3]梁启超总结了清代学术正统特色十条，钱穆也认同"盖自有清儒之训诂，而后古书可读，诚为不可埋没之功。其学风之朴诚笃实，亦自足为后人所慕仰"。[4]但在钱穆看来，清初大儒如黄宗羲把"博学精神"融入致良知之宗旨，[5]顾炎武不空谈心性而提倡知耻博文，[6]王夫之"尊事物德行之实"而"纠心知觉念之虚妄"，[7]这些学者虽是晚明遗老，身处在"国亡"之境，但依然有"一注于学问，寄其守先待后之想"，不仅是开辟了学术新风气，其志气关乎"安身立命之地，康济斯民之实"，远高于在太平年月的"乾嘉之

---

[1] 钱穆. 宋明理学概述[M]. 北京：九州出版社，2011：362.
[2] 钱穆. 中国学术特性[M]//中国学术通义. 北京：九州出版社，2012：194.
[3] 钱穆. 国学概论 下册[M]. 北京：商务印书馆，1933：129.
[4] 钱穆. 国学概论 下册[M]. 北京：商务印书馆，1933：132.
[5] 钱穆. 国学概论 下册[M]. 北京：商务印书馆，1933：62.
[6] 钱穆. 国学概论 下册[M]. 北京：商务印书馆，1933：66.
[7] 钱穆. 国学概论 下册[M]. 北京：商务印书馆，1933：67.

第三章 文史课程教学：以"学术精神"贯通文史知识

士"。①

钱穆并非完全反对"考据"，"考据"有益于"义理之学"，其只是反对排斥"义理之学"的"考据"。②比如"亭林《日知录》自为精心结撰之作，可谓体大思精，忧深虑远。后人无其精神，就书读书，缀比缀拾，割记得数十条，支离割裂，自附于博通……然貌为博雅而不至焉者，其弊亦不可不知耳"，③仅仅以支离破碎的"杂多"为"博通"，所以不免产生流弊。钱穆肯定乾嘉考据学问在古籍考订和辑佚方面的价值，但陷于与人生隔离较远的"文字义训"方面，难免会只见"琐碎"，"不务明正通达而务其难，则往往昧其大体而玩其细节，其必陷于琐碎无疑也"；而且治学态度容易产生"好胜"心，"苟专务其难，以施我考释之功，则前人学术大体有不暇问，而惟求于小节僻处别出新解以凌跨乎其上"。④

钱穆对于"整理国故"的看法也能说明他对考据作为学问方法的认识。钱穆不反对科学，这从他在《国学概论》中对实验主义的赞同就能得知，"自严复开始介绍西洋思想以来，能为有主张的介绍，与国人以切实的影响者，惟胡适之实验主义而已"。⑤但是，科学方法简单化为"大胆假设，小心求证"的口号，对于治学则会有消极引导，"科学家提出假设，乃是其科学修养已到高深，……只是科学一门外汉，尽有假设，无法求证，此等亦假设只是门外汉之假设"。⑥并认为这反映当时学术界重自我表现，只求速成与一时之拥戴的不好风气，⑦因此也直言"科学方法整理国故"是乾嘉经学之附庸，⑧是出于故意摒弃中国哲学思想和义理而提倡"科学方法"，与研究历史

---

① 钱穆. 国学概论 下册[M]. 北京：商务印书馆，1933：61.
② 徐国利. 钱穆的学术史方法与史识——义理、考据与辞章之辨[J]. 史学史研究，2005（4）：61-70.
③ 钱穆. 国学概论 下册[M]. 北京：商务印书馆，1933：85.
④ 钱穆. 中国近三百年学术史 下册[M]. 北京：商务印书馆，1933：603.
⑤ 钱穆. 国学概论 下册[M]. 北京：商务印书馆，1933：157.
⑥ 钱穆. 泛论学术与师道[M]//中国学术通义. 北京：九州出版社，2011：233.
⑦ 钱穆. 学术与风气[M]//中国学术通义. 北京：九州出版社，2011：278.
⑧ 钱穆. 新时代与新学术[M]//文化与教育. 北京：九州出版社，2011：94.

中国文化教育视野下的通识教育——论钱穆"通学"教育思想

传统文化中的积极价值无关。[①]

1935年,钱穆在《近百年来诸儒论读书》一文中,对陈澧、曾国藩、张之洞、康有为和梁启超五人的学问风格做了评述,并进而对20世纪30年代的学风做了批评。钱穆赞同陈澧对博士之学与士大夫之学的分辨,"亦只是训诂考据,无关大义,亦只成得一个博士,不成为一个士大夫。博士最多能知道了些人家所不知道的,却与做人办事一切世道仍无关。士大夫则须从读书中明义理,来做社会上一个有用人物",[②]进而说明只论考据的学问路数对于社会的危害,"若果读书为学,不先融会大义,只向零碎处考释,则此路无极,将永无到头之期……永远是一些竹头木屑之收藏,永远无一间半架真建筑。照此下去,尽可遍天下是读书人,而实际并无一真读书人。社会上亦并不会受到读书人的真效用"。[③]

钱穆对曾国藩比较赞赏,认为曾国藩提出的"约而专"的读书方法比较切实,"用约的工夫,先从大处着手,相互为用"。[④]但是曾国藩也难免过于切实,高明处不多,是一位谆谆教导家人子弟的父亲,不是一位发扬大道德大师。钱穆评价张之洞的《书目答问》不是一部指导人做学问的门径书,只是一部便于翻检的参考书,"是一种目录版本之学,最多亦不过造成一种博杂无统,泛滥无归的学风而已"。[⑤]而钱穆认为的能够指导人做学问的书,应该具备三个条件:第一,为学人展示相关学问的体系,并且显示其相互间之缓急轻重先后;第二,指出做出此学问的几部人人必读的基本书,使学者有处下手;第三,提示该项学问之极高境界,使做此项学问的人有一个努力追求的目标。[⑥]钱穆认为康有为的为学风格过于急躁,"一是意思迫促,不能有沉潜深细之乐,近于太要讨便宜。二是自视过高,看外面事理太轻率,易于

---
① 钱穆. 五十年来中国思想界[M]//历史与文化论丛. 北京:九州出版社,2011:238.
② 钱穆. 近百年来诸儒论读书[M]//学籥. 北京:九州出版社,2011:80.
③ 钱穆. 近百年来诸儒论读书[M]//学籥. 北京:九州出版社,2011:84.
④ 钱穆. 近百年来诸儒论读书[M]//学籥. 北京:九州出版社,2011:92.
⑤ 钱穆. 近百年来诸儒论读书[M]//学籥. 北京:九州出版社,2011:104.
⑥ 钱穆. 近百年来诸儒论读书[M]//学籥. 北京:九州出版社,2011:103.

第三章 文史课程教学：以"学术精神"贯通文史知识

长成一种傲慢与轻率的态度，不肯虚心玩索。"[1]相比之下，钱穆认为梁启超关于读书的指导更加能兼顾学问大体和个人修养，并由此对当时的学风做出了三点反思：第一，读书只求专门，忽略作为中国人都需要读的书；第二，由于不知道中国人都需要读什么样的书，所以不容易养成仔细读书的态度；第三，读书只为是寻找学问著述的材料，只是寻找考订批评的材料，与个人涵养的形成无关。[2]钱穆赞同作为中国人都要读的书，包括两方面，一是最有价值的文学作品，好文学能够涵养情趣，成为推动人格形成的发酵剂；一是有益身心的格言，这些格言正是我们民族积累而成的"共同意识"，学习格言能够拉近我们个体和社会的距离，帮助我们更加了解社会。

钱穆在20世纪30年代的重要学术研究不少是"治考据"的"考史"之作，比如，其时关于老聃生平和《老子》的出现年代，与胡适也有过争论。但是钱穆对于一头钻入考据而不见"大体"的治学并不满意，这一倾向在他对于《老子》争论这件事情的评价上可见一斑，"惟一时所注意者，亦仅为一些具体材料问题解释之间，而于中国历史文化传统之一大问题上，则似未竟体触及也"，颇觉"不得已"。[3]

钱穆对于学术取向的判断，是基于其对学术与时代应有之关系的判断。在钱穆看来，首先，学术可以引导时代，"新时代之降临，常有一种新学术为之领导或推进"，[4]其次，当时代变迁的发生是处在平和状态，学术也是"尚因袭"，学者多是"徇前人轨辙"，而在变乱之际，学者会"内本于性格之激荡，外感于时势之需要，常能从自性自格创辟一种新学问"，但新学问也将使动荡的时代逐渐平稳下来。[5]在钱穆看来，就当时中国社会来说，中国的学人需要"以真血性融入真问题，……乃为新时代新学术之真酵素与真火种"，所谓"真血性"是民族受辱带来的苦痛和民族争存意识的激荡，而不是求利禄温饱，不见"人格结晶"；所谓真问题是"国家生死存亡"，不

---

[1] 钱穆. 近百年来诸儒论读书[M]//学龠. 北京：九州出版社，2011：133.
[2] 钱穆. 近百年来诸儒论读书[M]//学龠. 北京：九州出版社，2011：143-144.
[3] 钱穆. 八十忆双亲 师友杂忆[M]. 北京：生活·读书·新知三联书店，2012：177.
[4] 钱穆. 新时代与新学术[M]//文化与教育. 北京：九州出版社，2011：89.
[5] 钱穆. 新时代与新学术[M]//文化与教育. 北京：九州出版社，2011：91.

是"从事一钉一塞之畸零之工作";"新学术"的使命是以解决世界问题为解决中国问题的导向,在解决中国问题的同时对世界问题的解决做出贡献,因此,中国学术研究必须在自己五千年文化和日新月异的"全球新环境"的交灌互织之下开创新局。[①]这样的学术取向体现在钱穆自己的学术研究中,就是把中国文化和中华民族的形成发展历史结合起来,从中国文化的前途来看中华民族的未来。

---

① 钱穆. 新时代与新学术[M]//文化与教育. 北京:九州出版社,2011:92-96.

第四章 "通人"教育目标：联通个人成才与文化大原

1933年秋天钱穆在北京大学开设"中国通史"课，随着时局日益紧张，"探究我们国家民族还有没有希望"成为钱穆进行历史研究的根本出发点。[①]对于钱穆来说，中国历史是评论和展望中国未来的依据，认为中国人讲中国史，在历史事实上的轻重缓急，在感情上的"向背之分"，是与外国人不同的。因此以西洋史的划分来对比中国历史，而所得结论又是中国历史的落后居多，这是轻薄狂妄的文化进化观导致的对于中国本土文化的自我鄙夷，无法发挥治史学应有的教人奋发向上的价值。[②]钱穆也把国史教育与爱国精神联系起来，提出国史教育的意义"应该首先使其国民认识本国以往历史价值，而启发具有文化意味的爱国精神，同时培养起深厚的奋发复兴之想象

---

① 吴沛澜. 忆宾四师[M]//江苏无锡县政协. 钱穆纪念文集. 上海：上海人民出版社，1992：52.
② 钱穆. 历史与教育[M]//中国历史研究法. 北京：九州出版社，2012：156–157.

与抱负"[①]，而国史教育的责任，"至少当使国民对其本国史具有一种'温情'及'善意'之看法与理解"。虽然在这篇文章中，钱穆谈的是历史教育，但已经表达了一个重要的教育思想，即教育应该启发具有文化意味的想象。

1937年，钱穆与大学同事和学生一起，从北平到湖南，再辗转到云南蒙自，坚守在西南联大的教师岗位上。1938年春，同事陈梦家建议要为全国大学青年和时代的急迫需要考虑，写一中国通史教科书，但钱穆觉得材料太多和所知有限，想等返回北平再试。后来陈先生又建议"不如现在就平日课堂所讲、随笔书之，岂不驾轻就熟，又便读者受益"，钱穆觉得有理，便改变初衷，着手《国史大纲》的写作。[②]1939年《国史大纲》成后，他曾对学生说，自己本不想将此书急切写成，"特以国难枨触，不自抑制耳"。[③]1940年第二次世界大战全面展开，一时间"国内纷呶，已有与国外混一难辨之势。而我国家民族四五千年之历史传统文化精义，乃绝不见有独立自主之望。此后治学，似当先于国家民族文化大体有所认识，有所把捉，始能由源寻委，由本达末，于各项学问有入门，有出路。余之一知半解，乃始有转向于文化学之研究。……是为余晚年学问蕲求转向一因缘，亦自国内之社会潮流有以启之也"。[④]

钱穆在20世纪40年代转向文化学研究，一方面是出于对于文化研究的真实兴趣，另一方面也受"国内之社会潮流"的启发。这个"潮流"便是在文化研究中，运用民族历史和文化来振奋国民士气，以助抗日救国事业的发展。这对于当时的抗战不仅具有精神的鼓动作用，对于文化史研究也有一定的激励和影响。随着钱穆对于文化研究的深入展开，其对中国传统学术特点与教育特点有了更本质的把握，这赋予钱穆的"通学"思想以显著的中国文化底蕴，把"学问"的博通格局与个体的生命存在格局联系起来，进一步展现了教育的文化性内涵的源泉。

---

① 钱穆. 历史与教育[M]//中国历史研究法. 北京：九州出版社，2012：159.
② 钱穆. 八十忆双亲 师友杂忆[M]. 北京：生活·读书·新知三联书店，2012：217.
③ 钱穆. 致学生王玉哲[M]//江苏省无锡县政协. 钱穆纪念文集. 上海：上海人民出版社，1992：17.
④ 钱穆. 八十忆双亲 师友杂忆[M]. 北京：生活·读书·新知三联书店，2012：362.

4.1 文化研究：会通"历史"与"文化"

从1933年开课到随西南联大迁到云南，钱穆的"中国通史"课程历时逾五年。在钱穆看来，历史研究是联通过去与未来，在分析年代、事迹和人物的过程中，探索"人类生活过程"，[1]因此历史研究是人文研究的基础。[2]之所以历史研究可以揭示文化精神，是因为历史与文化二合一，[3]历史绵延是人生的绵延，其中有变化，也有常有的特殊性，这个特殊性是"一以贯之"的力量，在"变化"之外维持人类生活的"持续"，变中有久，久中有变，"在永恒中有日新万变，在变化中，有其永恒的精神，这就是人生文化最高意义和价值所在"，[4]所以历史是人不断演绎人文的过程。面对中国社会对于中国文化的反思，钱穆提出从中国历史看中国文化，不仅是在试图建立历史研究对于文化研究的重要价值，也在试图表达自己的历史研究观，提倡历史研究离不开"一套观察人生的修养。史学不仅是保留，而实际上观察了解全部人生，才得其中意义价值"，[5]所以为中国文化找前途，离不开历史研究。

4.1.1 《国史大纲》之通论民族、文化与历史

1938夏至1939年夏，钱穆在云南宜良撰成《国史大纲》，1940年由商务印书馆出版。书稿成后，钱穆又写"引论"，首次对中华民族的历史和中国文化的相通性和整体性做阐述。在钱穆看来，民族复兴需要从研究民族的历

---

[1] 钱穆. 中国史学之精神[M]//中国史学发微. 北京：九州出版社，2011：27.
[2] 钱穆. 中国史学之精神[M]//中国史学发微. 北京：九州出版社，2011：28.
[3] 钱穆. 历史地理与文化[M]//中国文化丛谈. 北京：九州出版社，2011：1.
[4] 钱穆. 史学精神与史学方法[M]//中国历史精神. 北京：九州出版社，2011：9-12.
[5] 钱穆. 史学精神与史学方法[M]//中国历史精神. 北京：九州出版社，2011：6.

史出发,"我民族国家已往全部之活动,是为历史",[①]"欲其国民对国家当前有真实之改进,必先使其国民对国家已往历史有真实之了解。我人今日所需之历史知识,其要在此",[②]社会革新不能脱离社会历史。钱穆的史学研究特别强调,历史研究的价值在于提高历史知识。什么是历史知识?历史知识是对历史材料的处理和提炼,这个处理的过程"应与当身现代种种问题,有亲切之联络。历史知识贵能鉴古而知今"。[③]在钱穆看来,历史研究的可贵之处是能帮助回答现时代的问题,而历史知识的可贵之处在于"致用",是以专业的历史素养参与社会前途的思考和谋划。钱穆反对仅仅把史料当作文物收集,把考证历史的工夫只限定在辨别"真伪"之上,而突出历史知识的自主价值。[④]钱穆对于"治史致用"的提倡,也反映在《国史大纲》的写作意图中,即一国家之人们需要知道国家的历史,从而对历史产生温情与敬意,不会对过往妄加批判,而越来越多的国人持着这样的态度与信念,国家的发展将有希望。[⑤]钱穆写中国通史是要加强人们对中华文化的信心,"治国史之第一任务,在能于国家民族之内部自身,求得其独特精神之所在",[⑥]这与他秉持的文化是民族凝聚力的核心的信念一致。首先,民族的形成是文化的产物,"民族之抟成,国家之创建,胥皆'文化'演进中之一阶程也。故民族与国家者,皆人类文化之产物"。[⑦]其次,民族的文化有内在的特殊性,是民族发展的基础,有谓"我民族国家之前途,仍将于我先民文化所赋自身内部获得其生机",[⑧]也警惕若不振兴中华文化,"则国家可以消失,民族可以离散"。[⑨]在抗日时,钱穆也是"尤在将国史真态,传播于国人之前,使晓然了

---

① 钱穆. 国史大纲[M]. 北京:商务印书馆,1995:引论,1.
② 钱穆. 国史大纲[M]. 北京:商务印书馆,1995:引论,2-3.
③ 钱穆. 国史大纲[M]. 北京:商务印书馆,1995:引论,2.
④ 黄俊杰. 钱宾四史学中的国史观:内涵,方法与意义[C]//纪念钱穆先生逝世十周年国际学术研讨会论文集. 台北:国立台湾大学中国文学系,2001:145-18.
⑤ 钱穆. 国史大纲[M]. 北京:商务印书馆,1995:1.
⑥ 钱穆. 国史大纲[M]. 北京:商务印书馆,1995:引论,11.
⑦ 钱穆. 国史大纲[M]. 北京:商务印书馆,1995:引论,31.
⑧ 钱穆. 国史大纲[M]. 北京:商务印书馆,1995:引论,28.
⑨ 钱穆. 国史大纲[M]. 北京:商务印书馆,1995:引论,28.

第四章 "通人"教育目标：联通个人成才与文化大原

解于我先民对国家民族所已尽之责任，而油然兴起慨想，奋发爱惜保护之挚意"，[1]来鼓励抗日精神。到这里，我们可以理解为什么钱穆借"历史"谈文化意味，文化是历史中的文化，历史中的文化不仅是知识，还是情感。

在1939年，钱穆写了一篇《国史漫话》，可以算是《国史大纲》的摘要，再提对本国历史的"温情与敬意"，也批评"偏激虚无之症"和进化论的"狂妄"导致的文化自鄙。[2]也首次对中国文化的特点进行提炼，认为中国人对"自然天趣"的喜爱，启发中国人从自然中获得了关于"长久"的观点，"中国人观念最伟大可久者莫如自然"，[3]因而对于生命和事业都讲究"传后人，……可久者，在活的子孙"，[4]对于艺术，讲究"重于没入自然与自然相暗合得天趣"[5]，并且俗世生活中的器物制作也讲究与艺术结合而能惠及"子孙实用"。[6]在这篇文章中，钱穆开始讨论西方文化的特点，认为文艺复兴以来的个人自由的表达是体现在武力向外和财富向内，[7]科学的确是增加物质财富，却因为加强了"掠夺财富之便利"而增加"个人主义"风气，反而对"人类凝合与分立无预"。钱穆不否定科学的意义，是说科学没有对于人类的团结或分立有所考虑，因此钱穆把西方的宗教看作是西方文化内部关于社群团结做的一种努力，[8]这也是钱穆认为中国社会在20世纪20年代所提"全盘西化"的漏洞，即没有把对西方宗教的吸纳放入"西化"的方案中。[9]

1943年钱穆再对历史研究的现代价值作了解释。首先，历史记载本身是关于人的事情，而关于人的事情是会有持续性，"人事乃由过去穿透现在而

---

[1] 钱穆. 国史大纲[M]. 北京：商务印书馆，1995：引论，7.
[2] 钱穆. 国史漫话[M]//中国史学发微. 北京：九州出版社，2011：1-2.
[3] 钱穆. 国史漫话[M]//中国史学发微. 北京：九州出版社，2011：13.
[4] 钱穆. 国史漫话[M]//中国史学发微. 北京：九州出版社，2011：11-12.
[5] 钱穆. 国史漫话[M]//中国史学发微. 北京：九州出版社，2011：13.
[6] 钱穆. 国史漫话[M]//中国史学发微. 北京：九州出版社，2011：13，15.
[7] 钱穆. 国史漫话[M]//中国史学发微. 北京：九州出版社，2011：21.
[8] 钱穆. 国史漫话[M]//中国史学发微. 北京：九州出版社，2011：22.
[9] 钱穆. 中西文化接触之回顾与前瞻[M]//文化与教育. 北京：九州出版社，2011：136.

直达将来，过去与将来凝成一片，而共成其为一有宽度之现在"，①因此历史本身是丰富的人事记载，是对人的生命需求的记载，"历史正为一大事业，一大生命"；②其次，关于人类的重大事件依旧在发生，所以历史本身的厚重可以为现代人提供丰富的再奋起的起点，所以"故历史实为人类事业之不断改进，而决非命定"。③因此正是"历史"本身可以坚定现代人再继续历史事业的信心，而现时现在正是过去与未来相见的结点，所以历史研究为"现在"赋予的历史感可以帮助对于未来的规划。

《国史大纲》是钱穆关于中国历史和文化的首次整体性通论，而关于中国文化的思考是钱穆一生思考的重要主题。简略概括，钱穆从中国历史层面对中国文化的解读主要是解答以下问题：第一，为什么要从历史看文化。因为，民族形成是一个历史过程和历史结晶，"民族由历史完成，没有历史继承，没有历史积累就不成其为民族"。④中华民族的文化就是"中国人的风格"，⑤讲民族离不开讲历史，讲民族文化更离不开讲历史，"历史教人向前，……过去与将来是历史的两端。历史可贵处属过去，在过失中求不断之向往，放弃一切过去，则无其他一端而言"。⑥所以"民族"并不是先天的立场，是民族形成历史所具有的文化，决定探讨文化要有民族本源意识，而不是狭隘的排外态度。第二，如何从历史看文化。钱穆相信人的作为对于历史进程的决定意义，"一切世运兴衰，背后决定全在人，决定人的，不在眼前

---

① 钱穆. 中国今日所需要之新史学与新史学家[M]//中国历史研究法. 北京：九州出版社，2012：172.
② 钱穆. 中国今日所需要之新史学与新史学家[M]//中国历史研究法. 北京：九州出版社，2012：176.
③ 钱穆. 中国今日所需要之新史学与新史学家[M]//中国历史研究法. 北京：九州出版社，2012：178.
④ 钱穆. 从历史文化看时事笔录答录[M]//历史与文化论丛. 北京：九州出版社，2012：73.
⑤ 钱穆. 从历史文化看时事笔录答录[M]//历史与文化论丛. 北京：九州出版社，2012：79.
⑥ 钱穆. 中国史学发微序二[M]//中国史学发微. 北京：九州出版社，2012：8-9.

第四章 "通人"教育目标：联通个人成才与文化大原

物质条件，乃在长久的精神条件，须知我们大家负有此时代责任"。①因此强调研究历史需要注重研究"长久的精神条件"，②也由此发展出历史学者的责任，历史学家不仅发展新的历史知识，还要激励人的内心感情，"惟知之深，故爱之切"，"故欲其国民对国家有深厚之爱情，必先使其国民对国家已往历史有深厚的认识"。③第三，个体与历史之间的关系。钱穆从历史看文化，强调中国人的因素。在钱穆看来，人的生命之所以有文化意义，是源于人生的历史性，"历史乃人生之旧，人生乃历史之新，故历史必本于人生，乃始为真历史，人生必源自历史，乃见真人生，必传而见其今，中国人言人生，必期可久可大"，④所以钱穆认为脱离人的历史性而谈自由，对于人的文化性的充实是无益的。⑤第四，如何看待中国近代的落后。钱穆对于中国历史的未来有信心，但也不否认中国近代社会的困境，对于这个困境的根源，钱穆认为是历史本就是一个"生命体"，上升的动力是根本，但过程中也会有顿挫，所以中国历史并不是一直都是"生病"的，"生力自古以长存，病态随时而忽起"，⑥也说明要寻找中国历史特殊性的必要性。但是讲特殊性，不是为了以"特殊"的名义来掩盖问题，而是从特殊性中找到改革的资源，"中国历史 一面是积存，一面是变化，……所过者化，所存者神……，化则正是我们的责任，化之内还有神，要讲变化，不是虚无主义"，⑦表达了钱穆对于中国历史发展离不开中国之神韵的强调。

---

① 钱穆. 史学导言[M]//中国史学发微. 北京：九州出版社，2012：63.
② 钱穆. 史学导言[M]//中国史学发微. 北京：九州出版社，2012：63.
③ 钱穆. 国史大纲[M]. 北京：商务印书馆，1995：引论，2-3.
④ 钱穆. 历史与人生[M]//中国史学发微. 北京：九州出版社，2012：196-197.
⑤ 钱穆. 东西人生观之对照[M]//文化与教育. 北京：九州出版社，2012：59.
⑥ 钱穆. 国史大纲[M]. 北京：商务印书馆，1995：引论，25，26.
⑦ 钱穆. 历史上时间与事件[M]//中国史学发微. 北京：九州出版社，2012：71-73.

4.1.2 中国文化的"和平"气质

20世纪30年代的中国兴起的"全盘西化"思潮,表达了中国社会希望改变国家落后面貌的强烈愿望,但是一方面由于西化思路本身的不完备性和简单性,一方面由于日本侵略加剧了民族危机,"西化"之论持续的时间不长。但"西化"之论背后关于发展道路的选择,是一个真问题,是需要中国社会认真思考的。钱穆在1939年写的《国史大纲(引论)》中批评"全盘西化论"的所谓"改进","等于一个被征服国或次殖民地之改进,对其国家自身不发生关系。换言之,此种改进,无异是一种变相的文化征服,乃其文化自身之萎缩与消灭,并非其文化自身之转变与发皇。"①《中国文化史导论》作为钱穆进入文化研究的第一部专著,是从文化层面讲述中华民族的形成与变迁,其根本目的也是说明民族形成背后的民族精神的特殊性,以此反驳进化论之下,用西方历史发展轨迹来对比中国历史而得出中国历史和文化一无是处的偏激结论,表达了钱穆对中国文化价值的认定。

钱穆从1941年底开始写《中国文化史导论》,把这本书的写作看作"对于自己学问有意开新之发端"。②在1987年的修订版序中,钱穆对《中国文化史导论》的重要性作出明示,"迄今四十六年来,余对中西文化问题之商榷属有著作,而大体论点无越出本书所提主要纲宗之外",③认为这本书基本体现了他关于中国文化的主要观点。

在《中国文化史导论》开篇,钱穆首先对"文化"与"文明"的内涵作了解释。"文明偏在外,属物质方面。文化偏在内,属精神方面。故文明可以向外传播与接受,文化则必由其群体内部精神累积而产生。"④可见,这里的文化研究也是继承之前国史研究的主题,即发掘中国文化的精神。同样,钱穆理解的文化精神是与自然环境和生活方式为基础的,并将人类文化分为

---

① 钱穆. 国史大纲 上册[M]. 北京:商务印书馆,1995:引论,1.
② 钱穆. 湖上闲思录[M]. 北京:九州出版社,2012:再跋,7.
③ 钱穆. 中国文化史导论[M]. 北京:商务印书馆,1994:1.
④ 钱穆. 中国文化史导论[M]. 北京:商务印书馆,1994:1.

第四章 "通人"教育目标：联通个人成才与文化大原

游牧文化、农耕文化、商业文化三型，其中游牧文化与商业文化为一类，农耕文化为一类，认为前者"起于内不足"，"内不足则需向外寻求，因此而为流动的，进取的"，这种文化之下的人生观或世界观，都有一种强烈的"对立感"，于是"尚自由""争独立"，"故此种文化特性常见为'征伐的'、侵略的"，而后者，即农耕文化，"可以自给，无事外求"，所以是"为静定的，保守的"，由于农耕主要依赖自然环境，其生存唯待人类的信任，以忍耐为顺应，讲究"天人相应"和"物我一体"，讲"顺"与"和"。"故此种文化之特性常见为'和平的'"。①此种"和平"的文化体现在中国人的人生理想之上，即是"人生在历史中绵延、生长，自给自足，无需向外寻求，只希冀和平、安宁，追求实现天下太平与世界大同"。在讨论中国农业文化下的人生观的同时，钱穆以"自由"和"联合"为关键词，比较了东西方人生观的不同。钱穆认为西方人讲自由，也讲联合，但是"自由和联合的后面，还有一个概念存在的，这便是'两体对立'，因有两体对立，所以要求自由，同时又要求联合。"②所以，近代西方自由的人生观在根本上还是商业文化的产物，是对立思维的结果。相比之下，"中国传统文化讲的人生，是更高层次上的自由、独立的人生，这种自由是追求道义的自由，不必期许为了死后升天国而做人，是由自己内在德性去做人，不必要求任何条件，任何环境，只按内心性情去做人，做一个堂堂正正的人，所以这种人生最自由、最独立"。正是由此，钱穆认为在比较中西历史之时，需要把"希腊的自由观念"和"罗马帝国以及基督教会的组织"联合起来看待，以这种联合体所具有的历史意义来看中国，就会发现充满中国历史进程内的个体对简单明了的道义与安乐的践行。

在《中国文化史导论》中，钱穆用以表达中国精神的历史材料非常丰富。中国的器物制造和文学艺术都成为其论述的对象。在论述中国的器物制造时，钱穆称赞中国工业有精美、实用的特点，有很强的美术性，多用于人生实用，且多半跟水利、道路、要塞、建筑有关，并不奢侈，并且以道德境

---

① 钱穆. 中国文化史导论[M]. 北京：商务印书馆，1994：2-3.
② 钱穆. 中国文化史导论[M]. 北京：商务印书馆，1994：19.

中国文化教育视野下的通识教育——论钱穆"通学"教育思想

界的体现为上,如陶瓷、丝织、刺绣、雕刻、建筑等。一方面同社会日常人生融成一片,另一方面推崇用智巧帮助造化,讲究不替代造化,更不征服造化,是尊重物性、天趣,是天人合一、心物合一文化精神与哲学理念的体现。

中国的文学,在钱穆看来,也是能体现中国文化讲"和"与"平"的特征。中国文学的艺术性以道称胜,"文以载道""文以传人",最高理想是作者本人就是一个道,作品与作者合一,作者的意境与胸襟,作品的风貌和欣赏者的精神都融合在一起,"中国人对于人生体味,一向是爱好在空灵幽微的方面用心的。中国人不爱在人生的现实具体方面,过分刻画、过分追求。因此中国文学大统,一向以'小品的抒情诗'为主,所以戏曲地位不如小说,小说地位又不如散文,散文地位便不如诗。愈落在具体上,愈陷入现实境界,便愈离了中国人的文学标准。"[①]

但仅仅对艺术性和道德性的追求,也为中国的工业带来问题,"专走上精美的艺术和灵巧的玩具方面去了",[②]科学的实际应用效果被轻视,更重要的是没有发展出且不易发展出长篇幅、系统化、纯思辨式的逻辑学和自然学科。钱穆认为西方自然科学的兴起也是其爱冒险与挑战的文化使然,西方自然科学的知识和方法偏重于推理,以假设的某一个抽象范畴和形式为起点,不断逻辑演绎、引申,越到后面离直接经验越远,达到了理论深度,这些理论往往由于超越了直接经验,具有冒险性,又经常被后来新发现的经验推翻,故而自然科学常处于变动之中。

如何理解钱穆对于中国工业和科学落后的分析?首先,钱穆所处的20世纪40年代的中国社会已经在大力发展科学,不管是工业建设还是学校的科学课程教学,都说明中国人已经在学习西方式的科学知识。其次,钱穆在之后的著述中,关于中国的科学发展有很多讨论,都是肯定中国社会需要科学和工业,也需要学习西方的成果和经验,并且中国文化强调的"格物"精神与科学探索精神是一致的。反而,中国人需要注意的是不能放弃对"尽物之

---

① 钱穆. 中国文化史导论[M]. 北京:商务印书馆,1994:203.
② 钱穆. 中国文化史导论[M]. 北京:商务印书馆,1994:18.

第四章 "通人"教育目标：联通个人成才与文化大原

性"之后的道德审视，所以，中国人赋予外界万物以"德性"，并要成就这份德性的追求是不能被丢掉的。

钱穆把中国文化的形成发展分为四个阶段，第一阶段是先秦时期，此时完成了国家与民族的融凝，形成古代中国的观念、生活、文字和学术；[①]第二个阶段是秦、汉和唐代，大国的政治形态基本稳定下来；[②]第三阶段是宋元明清时代，是民族再融合和社会文化再深入的过程；[③]第四阶段则是清末至近代，中国社会寻找维持文化精神和对抗外来侵略的过程。[④]其核心意识是寻找中国人的人文精神，正如钱穆在历史研究中试图揭示的支持人类社会的长久精神。对于如何以历史来研究文化，钱穆认为"有意研究文化，自须根据历史，……文化本身固是一部历史，全部历史只是平铺放着，我们须能运用哲学的眼光，加以汇通和合，而阐述出其全部历史中内涵意义与其统一精神"，[⑤]文化研究需要解答的是文化精神的特殊长处，所谓特殊是"固有，对内共通，对外特殊"。[⑥]哲学眼光包括"辨异同，从大处着眼，从汇通处看，从远处看，从优点长处看"，[⑦]而统一精神是文化的"特殊长处"，这并不是为了盲目自信，而恰恰是要找文化的问题所在，因为文化病"亦出生在其特殊见长处"，[⑧]找到这个文化的特殊长处，才能在文化交流中有扎实的立足点。

钱穆对于中国文化精神的特质研究，所得到的结论是应该相信中国文化的前景。首先，中国文化自成形态，源头是对"心之同然处"的信念，[⑨]有人与人的心之同然，也有人与物的相通之道，所以"中国人重人文，由人

---

① 钱穆. 中国文化史导论[M]. 北京：商务印书馆，1994：23-68.
② 钱穆. 中国文化史导论[M]. 北京：商务印书馆，1994：99-119.
③ 钱穆. 中国文化史导论[M]. 北京：商务印书馆，1994：183-210.
④ 钱穆. 中国文化史导论[M]. 北京：商务印书馆，1994：211-235.
⑤ 钱穆. 如何研究文化史[M]//中国历史研究法. 北京：九州出版社，2011：123.
⑥ 钱穆. 中国固有哲学与革命哲学[M]//文化与教育. 北京：九州出版社，2011：115.
⑦ 钱穆. 如何研究文化史[M]//中国历史研究法. 北京：九州出版社，2011：127.
⑧ 钱穆. 如何研究文化史[M]//中国历史研究法. 北京：九州出版社，2011：131.
⑨ 钱穆. 中国固有哲学与革命哲学[M]//文化与教育. 北京：九州出版社，2011：115.

文发出物变……物变以济人文，……中国工业艺术化是与人类之内心生活，性情深处密切相连"，这与西方工业之"种种机械化，商业财货化仅为人谋生手段"不同。①中国的人文观也影响了中国人的平等观，中国人把"贫富贵贱一体视之，惟于人品上有不平等"。②其次，对于中国文化应该如何再发展，钱穆认为首先要学习西方科学，"西方近代科学兴起，中国处处落后，所幸科学无国界，可以向外取，迎头赶上"，③但学习科学的方法还是从中国文化的"尽性"出发，是从"尽己之性""尽人之性"和"尽物之性"来确立社会研究和自然科学研究的人文之本。④再次，钱穆对于中国文化的信心，不是力图排除中国以外的文化，而是表达对人类文明的信心。钱穆认为各种文化是各成体系，而文化比较的意义是"分析而观，庶乎利病互见，得失并呈"。⑤文化的不同之处说明人类"心向"的不同，但是人类之心向往的孝、爱、慈，是可以会通的，"中国之孝弟，西洋之恋爱，印度之慈悲，各得仁之一面。见其独，可以会于通，固未有舍人心之仁而可以抟大群而演永化者"，⑥所以无论是中国文化的融凝还是西方文化的扩张，都说明人类在依据"人心所向"创造文明。⑦正是因为人类有心灵生活，所以能实现自然生命向人文生命的演进，由此可以期待人的生命"可大可久"之繁荣延续。钱穆对于人文的信心是针对历史虚无主义的论说。钱穆认为"人道"可以由历史证明，历史中存在的"精神性积蕴"，即对于德性的真正感悟和对于生存时空的真正热爱，是引导个体开展社会性的互动的关键，也可以赋予中国人在现代化过程中的自主选择的能力。

---

① 钱穆. 中国历史精神[M]//中国史学发微. 北京：九州出版社，2011：114-120.
② 钱穆. 中国历史精神[M]//中国史学发微. 北京：九州出版社，2011：124.
③ 钱穆. 中国文化本质及其特征[M]//民族与文化. 北京：九州出版社，2011：38-39.
④ 钱穆. 中国文化本质及其特征[M]//民族与文化. 北京：九州出版社，2011：47.
⑤ 钱穆. 中国文化本质及其特征[M]//民族与文化. 北京：九州出版社，2011：38.
⑥ 钱穆. 中国文化与中国青年[M]//文化与教育. 北京：九州出版社，2011：5.
⑦ 戴景贤. 钱宾四先生与现代中国学术[M]. 上海：东方出版中心，2016：347.

4.2 "通人"教育目标：必要性与可能性

进入20世纪40年代，钱穆关于教育的专门论述逐渐丰富起来，此时离其在1912年初登讲台，已经过去30年。在这段岁月中，钱穆收获了丰富的教育经验，为其对教育进行深入的理性思考打下基础。同时期钱穆进行的文化研究，也是其教育思考产生的重要思想背景。因此，这一时期钱穆提出"通学""通人"和"文化教育"，是其从中国文化发展的层面来思考教育发展的开始。

4.2.1 教育立意：为中国培养人才

钱穆对人才培养寄予厚望，"一时代之人才，照理应该可以应付一时代的事变"，[①]也对当时的教育状态不满："中国创办新教育，自前清同治初元迄今八十年，始终不脱两大病。一曰实利主义，一曰模仿主义。实利主义之病，在乎眼光短浅，不从本源处下手。模仿主义之病，则在依样葫芦，不能对症发药。其实二病仍一病也。病在始终缺一全盘计划与根本精神。我所谓全盘计划与根本精神之教育，当名之曰'国家教育'"。[②]钱穆提出的国家教育，是有国家精神的教育，国家是文化的国家，文化是人的文化，是因此，文化教育与人才教育是国家教育的两个方面。这里的文化教育也有两个层次，第一以中国文化的发展为教育目的，第二是充分传递中国文化知识和培养对中国文化的感情，这样的文化教育可以摆脱模仿主义的发展方式。钱

[①] 钱穆. 新原才[M]//文化与教育. 北京：九州出版社，2012：154.
[②] 钱穆. 从整个国家教育之革新来谈中等教育[M]//文化与教育. 北京：九州出版社，2012：233.

中国文化教育视野下的通识教育——论钱穆"通学"教育思想

穆认为人才一定是有人文性的,一定是"文化人",而人文性的内涵之一是对民族历史的热爱,这源于钱穆立足从民族历史来理解文化的角度,因此人才一定是爱国爱本民族文化的人才,"此种人才,求其能真切爱护国家民族,求其能真切为国家民族服务,则必以国家民族自本自根之传统文化为陶冶",[①]不过,也如前文所说,要在解决世界问题的导向下解决中国问题,因此,教育内容需要包括各种优秀的人类文明成果。

钱穆在1940年写道"今日国家社会所需者,'通人'尤重于专家"。1940年钱穆所提"通人"是针对大学教育的专门化而言。这里的专门化是指教育主要引导学生追求"职业"与"智识"。何谓求职业?在与职业行业紧密对应的诸如工、农、商、矿各学院,学生的学习是与以后的具体职业相关,所以是"求职业"。何谓求智识?"对于学习那些与具体行业无直接明显关系的专业的学生来说,求智识是第一位的,其实职业与智识两者相通,因求职业必须修习相当之智识,而如果具备相当智识,则自可获致一相应职业"。钱穆并非是鼓励学生放弃对职业和智识的追求,而是认为"职业"与"智识"的成就不是人之为人的"最要紧处与最精彩处"。在钱穆看来,"所谓人文,需知家庭社会国家与天下,要做人,须在人群中做,……在人文中做人",[②]而只是以"职业"与"智识"为人生追求,就不免挤压人与人之间的共通处,因为"平民与贫者,其志多在谋职业,而贵族与富人,则其志多在获取智识。自富有者视之,职业似不如智识之重要;而在贫乏者之心目中,则智识亦每不如职业之可贵。……即纵此二者之所趋,则必日陷于狭窄之境"。[③]

教育目标的狭窄会导致两个问题。第一个问题是教育活动陷入随社会风气潮流变化而变化,没有为提供发挥作用的空间。"职业在求能",趋于极端就异化为"求能人之所不能"。"智识在求知",专门求知也会蜕变为"求知人之所不知",这都会渐渐形成"求其专,继则求其异,求其能出奇而制

---

① 钱穆. 从整个国家教育之革新来谈中等教育[M]//文化与教育. 北京:九州出版社,2012:235.

② 钱穆. 中国哲学道德与政治思想[M]//历史与文化丛谈. 北京:九州出版社,2011:90.

③ 钱穆. 理想的大学[M]//文化与教育. 北京:九州出版社,2012:188–189.

第四章 "通人"教育目标：联通个人成才与文化大原

胜"的风向，必导致教育内容需要经常变动，如果没有独立的教育宗旨把这些新变化融合于对于人的根本期待中，就只会使受教育的人"陷于徘徊惶惑之境"，①而教育本身就如潮流一般，来了又去，在社会的文化发展中不能留下印记。同样重要的是，在钱穆看来，社会科学、理科、文科等学科本身之间是相互联系的，因为一个社会的发展是这些知识共同起作用的结果，"一国社会、教育、政治、经济各方面苟无办法，则其自然科学亦绝难栽根立脚，……试问理学院无基础，工学院前途何在？……试问一国之政治不上轨道，经济岂能独荣。亦未有其国人全昧于以往之历史，而政治可以有办法者。亦未有其人绝不通文学哲学，而可以通史学者"，②所以通人，作为一种人才素质，对于国家社会的建设是不可缺少的。

钱穆反对教育追求表现上的求新求异而忽视对于为人根本的教导，导致学生的"所能所知"不能帮助社会大群承前启后。这是其担心的第二个问题，即专门化教育培养的人才只是一个工具：对于求"职业养成"的人来说，人生易成为"社会大机器当中的一个小零件"，对求智识传授的人来说，人生智慧也难免陷入水部字或者木部字，成为专门知识的一个目类，这样的人才"则必将成为机械的、格套的、部门的、死板的，不自由、不圆活，人人仅能供社会之用，而不能用社会。"③

钱穆不否认人才需要满足社会的要求，但这远远不够，教育要培养能主动推动社会的发展的人才，所谓"社会正需有指导，正需有驾驭。社会正待为人所用，而后此社会乃能随时改进，蒸蒸日上。若仅以人供社会之用，则谁复为用社会者？此社会必渐感空虚，……人之为人，将求为一物一工具而不可得。教育之意义与使命，果在此乎？"钱穆不反对知识的实用性，但实用不能成为指导一切教育活动的唯一准则，"仅以实用主义谈教育，必使学者专务于谋出路，寻职业，自私自利，只图温饱。而整个教育精神，亦必陷于急功而近利，舍本而逐末"，教育需要有自己的精神，这份精神是"大者

---

① 钱穆. 理想的大学[M]//文化与教育. 北京：九州出版社，2012：190.
② 钱穆. 改革大学制度议[M]//文化与教育. 北京：九州出版社，2012：183.
③ 钱穆. 理想的大学[M]//文化与教育. 北京：九州出版社，2012：191.

中国文化教育视野下的通识教育——论钱穆"通学"教育思想

远者",需要依靠"通才达识者"来建设,"擅一材一艺以绝业名专门者,往往不知也"。①钱穆对培养"通人"的思考,实质上是在表达对于教育独立性的思考。

何谓教育的独立性?在钱穆看来,教育的独立性体现在教育能独立地为社会发展做出指导,而教育之所以能够做出指导,是融汇了学术传统精神。因此,钱穆认为近代以来的中国教育没有抓住"中学"的根本,"五四前后所认为的中国学术依然是道咸以下支离破碎的旧经学与旧文学","新文化之前景,也是向外袭取",使得"对整个国家政治社会各部门各方面的最后领导权转让国外"。②因此,国家独立必须文化独立,文化独立必须教育独立,教育独立性支持文化的独立性,这里的独立就是保持"对内共通,对外特殊"的特点,因此教育培养的人是能够维护和巩固文化独立的人,什么样的人可以担当这份问候责任?是"通人"。

钱穆从讨论学术专门化的弊病开始,论说专业知识和文化领域之间存在的差距,而没有文化滋养的人,可能会"忽略做人"。③实质上,"文化落实在人身上",④人本身的自我发展是为文化发展做贡献的具体实现,只有人成为意义的探寻者,"将自己的旧变成自己的新",⑤才有"把以往传统统体研讨而把世界新的兼陈诸异,博观会通,把旧传统与新潮流打通一气"⑥的能力,才能维护和发展中国文化。

---

① 钱穆. 改革大学制度议[M]//文化与教育. 北京:九州出版社,2012:183.
② 钱穆. 理想的大学[M]//文化与教育. 北京:九州出版社,2012:205.
③ 钱穆. 理想的大学[M]//文化与教育. 北京:九州出版社,2012:213.
④ 钱穆. 理想的大学[M]//文化与教育. 北京:九州出版社,2012:214.
⑤ 钱穆. 理想的大学[M]//文化与教育. 北京:九州出版社,2012:208.
⑥ 钱穆. 理想的大学[M]//文化与教育. 北京:九州出版社,2012:212.

4.2.2 "通学"课程设想：文化知识与选修制度

通人的文化性，要求培养通人的课程也具有文化性，"所谓通学，即从文化大原来辨认学术分野"，[1]要从文化领域来为各个专门学科定位。首先，通学表达学术活动的文化性，"学术是文化领域中之一部分，在文化领域总有真实地位和价值"。[2]自然科学和人文科学的发展都离不开人的主观意愿的参与，都是随着人类文明的发展而发展，如果把学术与文化分隔开，导致做学术的人变得与文化有隔阂，那学术不能帮助人的成长，反而会使人倒退了。[3]其次，学术的文化性可以借由通学的整体性而引导完整人格的形成。在钱穆看来，若接受教育是青少年时期重要的人生经历，则"教育"必须"集结人生最高经验，蕲向人生最高理想"，[4]这些"最高经验"须"研求人生最高理论"，"须欣赏人生最高境界"，"须明了宇宙来源"，"须认识生命真情"，"须博通已往人事经验"，"须兼知四围物质功能"，这些经验与人的性情相通，当能激发"人生当为活的，自由的，进取的"的能量，[5]而培养学习者的智慧。

可是"通学"的形成是依靠专业学习，那么钱穆是如何看待专业学习的呢？钱穆不反对专业学习。钱穆提出"通人"是受到章学诚关于经史研究的启发。章学诚认为治学之道从专家出发，再扩大门径，期待各个专业相互会通，通于学术大体，这启发钱穆从学术大体来看各个专业学习。[6]钱穆并非认为专家不重要，"通人"的境界离不开专业学习的磨炼，但是教育的目的

---

[1] 钱穆. 理想的大学教育[M]//文化与教育. 北京：九州出版社，2012：213
[2] 钱穆. 理想的大学教育[M]//文化与教育. 北京：九州出版社，2012：214.
[3] 钱穆. 理想的大学教育[M]//文化与教育. 北京：九州出版社，2012：215.
[4] 钱穆. 理想的大学[M]//文化与教育. 北京：九州出版社，2012：188.
[5] 钱穆. 理想的大学[M]//文化与教育. 北京：九州出版社，2012：192.
[6] 李宝红. 钱穆对胡适的批评有关治学思想与方法的比较研究[M]. 新北：花木兰出版社，2012：75.

中国文化教育视野下的通识教育——论钱穆"通学"教育思想

一定是"以专业为通人",①"必期专家进而为通人"。②余英时认为,钱穆走出了"以通驭专"的道路。通学是一种境界,是以学术理念来贯通各个学问,因此,通学境界可以体现在专门著作中,也能显现于精美短文中,通学境界核心是恢宏的意图和通豁的识力。③

在钱穆对于指向"通学"的教育内容设计中,中国文字教育和历史教育是基础课程,课程实施是"以共同必修为原则,而以选课分修之"。④钱穆认为,"最重要者,则首推文字教育"。钱穆批评"二十年来,各大学中学学生之晨夕孜孜披一卷而高声朗诵者,百分之百皆诵英文,绝无一人焉读本国文学者。若有之,其人必为其他人所腹诽,所目笑,而彼亦将引为奇耻大辱。"⑤中国文字的重要性,首先在于"一国之文字,即此国家民族传统文化之记录之宝库",⑥也因为"文字教育贵乎投入亲验",如果仅仅只读近年思想,了解短期事物,则趣味和胸襟都会狭窄。⑦其次,文字教育也是培养青年传播文化的能力,"以本国文字文学为主,学校教育为引端,在学校有基础,出社会可继续接触,以往之积累,与现时代发生关系,继续文化大源而前进",⑧否则"学术空气只存在于学校内部,无法扩及社会"。⑨

在大陆的大学任教时期,中国历史是钱穆的主要讲授内容。如何开展历

---

① 钱穆. 中国学术特性[M]//中国学术通义. 北京:九州出版社,2012:216.
② 钱穆. 中国学术特性[M]//中国学术通义. 北京:九州出版社,2012:218.
③ 严耕望. 治史经验谈[M]//治史三书. 沈阳:辽宁教育出版社,1998,62
④ 钱穆. 理想的大学[M]//文化与教育. 北京:九州出版社,2012:182.
⑤ 钱穆. 从整个国家教育之革新来谈中等教育[M]//文化与教育. 北京:九州出版社,2012:240.
⑥ 钱穆. 从整个国家教育之革新来谈中等教育[M]//文化与教育. 北京:九州出版社,2012:238.
⑦ 钱穆. 从整个国家教育之革新来谈中等教育[M]//文化与教育. 北京:九州出版社,2012:245.
⑧ 钱穆. 从整个国家教育之革新来谈中等教育[M]//文化与教育. 北京:九州出版社,2012:249.
⑨ 钱穆. 从整个国家教育之革新来谈中等教育[M]//文化与教育. 北京:九州出版社,2012:246.

第四章 "通人"教育目标：联通个人成才与文化大原

史教育，也是钱穆的教育思想重点。抗战时期，钱穆赋予历史教育以启发具有"文化意味"的爱国精神，爱国的根本是爱文化，"所谓'民族力量'，底里便是一种'文化力量'。若使我们空喊一个民族，而不知道作为民族生命渊源的文化，则皮之不存，毛将焉附"，[1]所以民族不是天然的立场，是由对文化的热爱，而发展出对民族的热爱。钱穆不满"一意为专家之学。学术传统中断，传统文学、史学精神意趣已经死亡。……于是，《二十四史》、《九通》，均只当作一堆史料。……专家日旺，通人日衰，则诚人道一大可忧难之点"。[2]钱穆的历史文化观，使得历史学科成为重要的培养通学格局的学科。钱穆强调讲文化、讲历史，都需要从整体来看其下各个项目的特点，比如讲文化，需要了解"学术传统、思想派别、文学流变、艺术境界、时代背景、文化精神等等"，[3]讲历史，需要了解鲜明而活泼的人事成分，"以事件为中心，以人物为中心，以时代为中心，结合对事件之知识，抽象出人物了解，综合了人与事之知识，抽象出时代了解"，这是获得历史知识的三步骤，[4]其中政治制度、社会形态、经济情状、学问大端、人物风尚性格都可以综合会通，才能明白一个时代。[5]历史教育是人文教育的重要项目，钱穆希望以中国历史精神培养中国人，弘扬中国文化。换言之，这些人对自己的历史与文化就会从内心深处建立起一种精神上的自信。而只有这种具有民族自信与自尊的国民越来越多，国家与民族才会有向前发展的希望。

钱穆在1940年所写《改革大学制度议》提倡"通学"，落在课程教学上的实践意义是"提高程度"，因为"通学难企"。何谓"通学"？"必博而有统类而能归于约之谓通"，[6]所以"通"不是常识性的知识普及，是由博返约的努力，而"约"也不是"偏寻孤搜"，是对贯穿于"博"的内核的提炼[7]，

---

[1] 钱穆. 革命教育与国史教育[M]//文化与教育. 北京：九州出版社，2012：252.
[2] 钱穆. 中国学术特性[M]//中国学术通义. 北京：九州出版社，2012：200.
[3] 钱穆. 中国历史教学[M]//中国历史研究法. 北京：九州出版社，2012：187.
[4] 钱穆. 中国历史教学[M]//中国历史研究法. 北京：九州出版社，2012：183-184.
[5] 钱穆. 略论治史方法[M]//中国历史研究法. 北京：九州出版社，2012：138.
[6] 钱穆. 改革中等教育议[M]//文化与教育. 北京：九州出版社，2012：226.
[7] 钱穆. 改革中等教育议[M]//文化与教育. 北京：九州出版社，2012：226.

是对人文境界的感悟。

钱穆所谓通学不是纯粹理智性地对知识的处理，是融个人性情于内的求学努力。因此，在论述中学阶段的课程安排时，"通学"作为求学的努力，是与个体的精神面貌密切相关的。钱穆批评，随之提倡，"中学校非专为投考大学之预备而设。……应以锻炼体魄，陶冶意志，培养情操，开发智慧"①为主要教育目标，要一变往昔偏重书本之积染，自操场进至于田野，以自然启示青年之内心活力。②

对于大学课程，钱穆提出要扩大课程规模，不是盲目扩大，是以学问大体的指导的课程内容充实。钱穆批评"国难以前，国内最负时誉之大学，莫不竞务于院系之析置，教授之罗聘，以及课程之繁列"，而这样培养的人才，只能是钻进"牛角尖"，而"相互从事于国家社会共通之事业，几乎而不见其日趋于矛盾冲突，分崩离析"。③为了培养有当于国家社会之用的人才，钱穆提出扩大课程的要点有两处：第一，共同必修课程必须与"学问大体"相关，文哲学院也必修与文哲学科相关之科学常识，而理工学院则必修本国通史及中西圣哲思想纲要等课程；第二，选修课的开设主要依据教授专长和各学科的重要内容，而学生选修则是"各就性近"。这两种课程之间的关系是"凡属基本技能方面之科业，如文学数学等列为共同必修课，当增其分量，逐年研修，其余选修课程，则一任学者之自由听习，课程皆宜尽量缩短，应为一种较长期之系统讲演。每一讲演，为期不必逾两月或三月，讲者提纲挈领，要言不烦，听者则求其能增加自读与自由探讨之时间。"④

钱穆提倡的教育"实应为一种致广大而极悠久之努力，决不如职业教育与智识教育之与时推迁，常在变动摇移中"。⑤通学课程的设立，生活陶冶的建设，都是旨在培育文化精神。中国文化精神之生发的土壤不是源自西方而为中国学人所热衷的专门化学术，而是源自中国学术传统的"融通古今，融

---

① 钱穆. 改革中等教育议[M]//文化与教育. 北京：九州出版社，2012：232.
② 钱穆. 改革中等教育议[M]//文化与教育. 北京：九州出版社，2012：234.
③ 钱穆. 改革中等教育议[M]//文化与教育. 北京：九州出版社，2012：178-179.
④ 钱穆. 理想的大学[M]//文化与教育. 北京：九州出版社，2012：195.
⑤ 钱穆. 理想的大学[M]//文化与教育. 北京：九州出版社，2012：193.

通彼我"之"通学"。在此"通学"当中，中国社会的"道理"才能被厘清。钱穆也借此"通学"表达了学术独立的思考。学术独立不是拒绝交流，而是有固定立场，对于中国学习西方来说，这个立场就是中国的立国精神和中国文化传统，是"现代中国求变中唯一能变之自身"，是"现代中国人求认识西方新文化的一个独特自有的立场"，而唯有基于此一立场，我们才能看出"现代西方新文化之真意义与真姿态"，才能真正学得别人之精义而非皮毛。

4.2.3 钱穆"通人"观的中国人文色彩

钱穆提出培养"通人"是担忧只培养专业知识水平而忽视完整人格。钱穆不反对专业学习，但反对没有文化大局意识的专业学习，在本质上是想以中国文化义理来引导学生的求学。实际上是培养"专家"还是"通人"，在20世纪早期，的确是一个引起争论的问题。1929年蒋廷黻任清华大学历史系主任，主张治史学必须兼通基本的社会科学，因而鼓励学生选修经济学和社会学方面的概论性课程，并且鼓励学习西方史学方法的长处，以帮助研读中国历史的大问题。[①]蒋廷黻自己也回忆当时自然和工程学科的老师们希望学生们一进入大学就学习专业课程，而文史社会科学领域的老师就希望能晚一点开专业课，多教授普通课程。[②]雷海宗也批评"今日大学为求专精和研究的美名，舍本逐末，基本的课程不是根本不设，就是敷衍塞责，……学生对本门已感到应接不暇，难以再求旁通，……根基太狭太薄，真正的精通根本谈不到，广泛的博通又无从求得；结果各大学每年只送出一批一批半生不熟的智识青年，既不能作深刻的专门研究，又不能正当地应付复杂的人生。"[③]与钱穆同时代的许多重要学者也提倡"通才"教育，比如蔡元培提倡培养

---

① 何炳棣. 读史阅世六十年[M]. 北京：中华书局：2012：67-68.
② 蒋廷黻. 蒋廷黻回忆录[M]. 长沙：岳麓书院：2003：131.
③ 雷海宗. 专家与通人[M]//杨东平. 大学精神. 沈阳：辽海出版社，2000，221.

中国文化教育视野下的通识教育——论钱穆"通学"教育思想

"硕学宏才",梅贻琦认为"求学与做人两相关联",他们的关怀都是对于完整人格的关怀。中国传统教育也是有知识分类,为什么在近代教育中,知识分类成为一个潜在的危险?因为现代知识分类是以事实与价值的两分为核心,科学知识处理"事实",价值知识描绘"应然"。中国传统知识带有的强烈的价值应然性,在中国社会的贫弱挨打的事实面前,被鄙为无用虚空之物,"中国之所谓格致,所以诚正治平也,外国之所谓格致,所以变化制造也,中国之格致,功近于虚,虚则伪,外国之格致,功证诸实,实则皆真也。"[①]这里对"实"的追求,实质上是对效果的追求,而评价是否有效的标准,是能否带来强大,具体说是经济军事实力的强大。因此,以"实"来解读"真",意味着"强大"即是"真"。因此,当时学者们担心的不是知识专业化,而是担心对知识价值的狭隘判断带来的对人的整体性的损害。

在一个通才教育观并不稀缺的时代,钱穆提出的"通人"观有什么特点呢?最大特点是钱穆援引中国传统知识分子"求通学为通人"的风格所承载的对文化建设的使命感,来强调中国人与中国文化的联系。以梅贻琦的通才教育观为对象,来进行简单比较和说明。梅贻琦(1889—1962),在1931年至1948年任清华大学校长,也提出"通才教育"。梅贻琦在有关教育的论述中,指出当今大学的自然科学和社会科学教育犹"木工水作之习一艺耳",与"修养递不相涉"。[②]人生也是学问,其所需要的欣赏、沉思、体会者与价值、生活和信仰有关,因此,不能用自然科学的方法毫无条件地用在人文科学中,"即在专考史学之人,又往往用纯粹物观之态度以事研究,驯至古人之言行举措,其所累积之典章制度,成为一堆毫无生气之古物,与古生物学家所研究之化石骨殖无殊,此种研究之态度,非无其甚大之价值,然设过于偏注,则史学之与人生将不复有所联系。"[③]梅贻琦以为知识是综合联贯的:"知识之为物,原系综合联贯的,吾人虽强为划分,然其在理想上相关连相辅助之处,凡曾受大学教育者不可不知也。"[④]知识面的宽只是一个基础,发

---

① 葛兆光. 中国思想史(第二卷)[M]. 上海:复旦大学出版社,2001:465-466.
② 黄延复. 梅贻琦教育论著选[M]. 北京:人民教育出版社,1993:103.
③ 黄延复. 梅贻琦教育论著选[M]. 北京:人民教育出版社,1993:104.
④ 黄延复. 梅贻琦教育论著选[M]. 北京:人民教育出版社,1993:6.

第四章 "通人"教育目标：联通个人成才与文化大原

现各类知识及其所反映的人的内、外世界的万般景象的内在联系，从而达到思想的"通"。

这样的"通学"带来的广博知识和开阔思维有益于人生，"学问范围务广，不宜过狭，这样才可以使吾们对于所谓人生观，得到一种平衡不偏的观念。"[①]梅贻琦指出求学和做人是相互促进，"求学与做人是两相关联的。凡能努力做学问的，他们做人亦必不取巧，不偷懒，不作伪，故其学问事业终有成就"。[②]同时，健全的人格有益于求学，"治学之精神与思想之方法，虽若完全属于理智一方面之心理生活，实则与意志之坚强与情绪之稳称有极密切之关系；治学贵谨严，思想忌偏蔽，要非持志坚定而用情有度之人不办。"[③]

钱穆对于文化教育的提倡也是在回应中国古典知识内含的道德要求在新的学科分类形式下无处安放的困境，而其提出"通人"与"通学"是期待以通学格局来滋养中国知识人的人文精神。蔡元培、梅贻琦和钱穆都从知识与人的成长关系来说明通学的重要性，而钱穆还从中国教育历史中总结出"通人为通学"是中国人文精神的一个面向。中国人文精神有独特性，"中国固有哲学长于'融通'，……同时必具有'宗教精神'与'科学精神'，又同时必具有'文学气味'与'艺术气味'。彼必能到达一种'天人合一'与'人己合一'的境界"，[④]而现世大群的人生理想使得中国知识分子也始终以'人文精神'为指导之核心。"[⑤]

在阐述中国历史上不同时期的知识分子的品格的过程中，钱穆总结中国教育特点，"中国传统教育思想乃为人性之发展而成全而有教"，[⑥]"成全"人性是成全人的"群性"，"群不仅为平面之展扩，而尤贵于时久之绵延"，[⑦]因

---

① 黄延复. 梅贻琦教育论著选[M]. 北京：人民教育出版社，1993：17.
② 黄延复. 梅贻琦教育论著选[M]. 北京：人民教育出版社，1993：24—25.
③ 黄延复. 梅贻琦教育论著选[M]. 北京：人民教育出版社，1993：101.
④ 钱穆. 中国固有哲学与革命哲学[M]//文化与教育. 北京：九州出版社，2012：115.
⑤ 钱穆. 中国智识分子[M]//国史新论. 北京：九州出版社，2012：136.
⑥ 钱穆. 中国传统教育精神与制度[M]//政学私言. 北京：九州出版社，2012：157.
⑦ 钱穆. 中国传统教育精神与制度[M]//政学私言. 北京：九州出版社，2012：158.

中国文化教育视野下的通识教育——论钱穆"通学"教育思想

此，中国教育"贵于尽性，层层扩充，亦层层包络，超乎上帝，国家与个人之外，而亦融于上帝，国家和个人之内"，①中国教育传统具备的发展和成全人性的特点的最佳体现处就是中国历代知识分子对"人文精神"的追求。

钱穆认为春秋时中国知识分子就已经不再沉溺于鬼神迷信，脱离了宗教，逐渐开始追求人文精神的提升。"先秦士人担负仁的责任，乃是人道中的理想。士尚志，是儒家站在人文立场解决当前问题"，②先秦之士已逐渐走向在人生本位之上追寻具有普遍意义的伦理道德的融通境界，而到战国，这种人文精神"始达成一种自觉境界"，从平民阶级崛起的战国学者，继承了春秋知识分子的人文精神，由此而发展出自有的人生愿景和社会理想。这种人文理想是从整个人类大群的社会性、世界性、历史性中寻求而来的。③

随着社会的变化，这种传统的自由精神也在变化，在展现这些变化的过程中，钱穆说明了中国传统人文精神的源头和巨大的现实意义。秦汉国家政府的大一统局面的形成和入仕途径的程序化，使得这番精神变得"规规矩矩"，之后由于汉儒术渐变为利禄之途，"儒者仅求入政治"，自由精神陷入逐渐丧失的境地，④却激发了魏晋南北朝的知识分子以遁于门第家庭之内，沉浸于艺术人生，来实现"自我"的满足。即使到隋唐，中国士人的宗教情感也没有使其丢失澄明的人文理智，"他们积极投身科举，借诗词歌赋表情感发议论，始终以人文精神为中心，使得唐代成为继战国诸子后又一个精神气魄极其活跃的时代"。钱穆认为宋儒是传统人文自由教育精神得以复昌的关键，"把清净寂灭究竟涅槃的最高出世观念，正式转变成修身、齐家、治国、平天下的中国传统人文中心的旧理想"。⑤但是晚明儒生与宋儒同样出色。首先，晚明诸儒所处的学术环境并不宽松，这要求他们拿出特别的

---

① 钱穆. 中国传统教育精神与制度[M]//政学私言. 北京：九州出版社，2012：157.
② 钱穆. 中国历史上关于人生理想之四大转变[M]//世界局势与中国文化. 北京：九州出版社，2011：130.
③ 钱穆. 中国智识分子[M]//国史新论. 北京：九州出版社，2012：138.
④ 钱穆. 中国传统教育精神与制度[M]//政学私言. 北京：九州出版社，2012：159.
⑤ 钱穆. 中国传统教育精神与制度[M]//政学私言. 北京：九州出版社，2012：160.

第四章 "通人"教育目标：联通个人成才与文化大原

坚毅精神；[①]其次，晚明儒生的学术成就很高，"为学目标正确，学问门径之广博，为学方法之亲切，著述精勤美富"；[②]最后，在中国学术思想史上的地位，晚明儒生对汉唐宋明以来的文教精神做"通体反省"，再来定他们的新方向与新精神。这种把学术与时代结合在一起的开阔眼界，使得他们的学术兼具"历史的反省""哲学的综合""政治社会各部门之应用"与"伦常日用身心方面之躬修实践"，[③]而"最伟大贡献是在对于民族文化精神之发扬光大"。[④]但是晚明儒生为中国社会开出的继往开来的新方案与理想没有实现，清代知识分子也渐渐偏离了传统中国知识分子的旧方向，"他们远离人世，逃避社会政治现实，不关切人类大群，只投身于遥远陈古的书籍中"。[⑤]从清末开始，力图纠正知识分子"偏离人世"的努力却又陷入"旧的接不上气，譬如一老树，把腰斩了，生机不续"。[⑥]这表现在近代教育改革上，就是主要强调教育的制度改革，却忽视对社会风气的培养，带来"上有制度，下无精神"[⑦]的局面。

值得思考的是，从20世纪20年代开始的中国教育改革有了丰富的实践。诸如梁漱溟开展的乡村教育，陶行知开展的"生活教育"，这何尝不是对社会风气的培养？何尝不是渗透着教育精神的教育实践？ 如何理解钱穆在1942年提出的"下无精神"的批判？ 首先，本研究认为钱穆所提的教育改革，不是直接指向当时已经很成气候的教育改革探索，因为钱穆没有关于这方面的直接文字表述。实际上，钱穆对于梁漱溟是比较亲近的。在1949年，

[①] 钱穆. 晚明诸儒之学术及其精神[M]//中国历史精神. 北京：九州出版社，2011：188-189.
[②] 钱穆. 晚明诸儒之学术及其精神[M]//中国历史精神. 北京：九州出版社，2011：193-197.
[③] 钱穆. 晚明诸儒之学术及其精神[M]//中国历史精神. 北京：九州出版社，2011：191-192.
[④] 钱穆. 晚明诸儒之学术及其精神[M]//中国历史精神. 北京：九州出版社，2011：193-197.
[⑤] 钱穆. 中国智识分子[M]//国史新论. 北京：九州出版社，2012：167.
[⑥] 钱穆. 中国智识分子[M]//国史新论. 北京：九州出版社，2012：169.
[⑦] 钱穆. 中国传统教育精神与制度[M]//政学私言. 北京：九州出版社，2012：167.

中国文化教育视野下的通识教育——论钱穆"通学"教育思想

钱穆前往香港之前,曾专门拜访梁漱溟,后来通过致信,表达希望梁漱溟加入香港办学的心愿。其次,钱穆所说的精神,是更高层次的纲领性的引导性的全体社会的共识。因此,钱穆在这一篇文章中,强调"学术之昌源于自由,师道之兴,有待于社会学术自由空气之酝酿",[①]是希望教师能承担起传递人文大道的责任。

进一步看,钱穆是在提倡保持中国学术讲究"明体达用"的人文价值,其针对的是"重估一切价值"带来的对于中国人文价值的否定。钱穆在1941年《新时代与新风气》批评学西方的误区,[②]在1941年《改革中等教育议》批评"科学教育未得其方"。[③]这些批评都指向学问本身的人文价值消退。新文化运动中的新思想的发展包括对中国自有思想的评判。胡适说"我以为现在所谓'新思潮',无论怎样不一致,根本上同有着这公共的一点:评判的态度",提倡质疑习俗相传下来的制度风俗,古代遗传下来的教训,和社会上糊涂公认的行为与信仰,"在今日还是不错吗?"[④]鲁迅也借"狂人"之口,问"从来如此,便对吗?"陈独秀是坚持在新旧之间只能选一者,"吾人倘以新输入之欧化为是,则不得不以旧有孔教为非。倘以旧有之孔教为是,则不得不以新输入之欧化为非,新旧之间绝无调和两存之余地"。[⑤]重估价值意在思想解放,可是评价标准却模糊或者简单的欧化。傅斯年"要把历史学语言学建设得和生物学地质学等同样",并宣称"把传统的或自造的'仁义礼智'和其他主观,同历史学和语言学混在一气的人,绝对不是我们的同志!"[⑥]

钱穆反对"机械论"和"进化论"的人生观,反对用人类社会以外的法则来研究人类社会,人是一个整体,不能用自然科学的抽象推导来解释,

---

① 钱穆. 中国传统教育精神与制度[M]//政学私言. 北京:九州出版社,2012:168.
② 钱穆. 新时代与新风气[M]//文化与教育. 北京:九州出版社,2012:92.
③ 钱穆. 改革中等教育议[M]//文化与教育. 北京:九州出版社,2012:236.
④ 葛懋春. 胡适哲学思想资料选 上册[M]. 上海:华东师范大学出版社,1981:126.
⑤ 陈独秀. 答"新青年"爱读读者[M]//独秀文存. 北京:外文出版社,2013:714.
⑥ 傅斯年. 历史语言研究所工作之旨趣[M]//史学方法导论. 南京:江苏文艺出版社,20008:10.

第四章 "通人"教育目标：联通个人成才与文化大原

只能在具体的历史性和主体性的生活事件中把握住人的态度和精神。[1]因此，"人文学科应有自己的独立园地，而浇灌这片园地的不是量化的测算，而是人文学者自身的情感"，是价值观与仁慈心。[2]在1961年的《五十年代中之中国思想界》一文中，钱穆再提以科学方法意味着不要哲学、文学及历史传统、只是抱着不积极拥护的态度来争论一堆堆材料，实在是把中国人文传统当作"死"的事物，无意于寻找内在与中国传统的文化生长力量。

钱穆对中国人文传统对人与学、学与时代之间的会通意识的强调，是意在对中国人文理念的强调，即相信人的历史真实性和历史乐观性，其承认人对于当下和过去的认识都是真实的，是人对于"善"的追求引导人们从过去走向将来，与其说是唯心，不如说是唯善。在今天看，不管是联合国承认"人类以意识塑成自己的人性人文——亦即人类经验的普遍共通处——人类对人的普遍性意识"，[3]还是后现代主义极端地把文字记述、语言表达、人心认知都化约为表象，而否定文化可以帮助人们重新沟通，都分别从正反两面证明了人类对于心灵生活的需要和获得美好心灵生活的不易。

---

[1] 钱穆. 中国思想界的出路[M]//文化与教育. 北京：九州出版社，2012：144.
[2] 钱穆. 如何建设人文科学[M]//文化与教育. 北京：九州出版社，2011：157–159.
[3] 陈启云. 钱穆师与中西思想文化比较研究——历史主义述评[C]//钱穆思想学术研讨会论文集. 台北：东吴大学钱穆古故居管理处，2005：1–24.

第五章 从教育实践到教育哲思的升华："通"指向人的文化创造

1949年，钱穆接受张其昀的邀请，赴香港一起创办学校。张其昀在不久之后退出，钱穆留在香港坚持办学。学校于1949年10月10日正式开学，当时并无固定校址，是租用九龙华南中学的三间教室在夜间上课，定名为亚洲文商夜校。学校陆续招生有六十人左右，超过一半的学生是从内地迁移到香港的年轻人，另外二十余人是台湾学生。钱穆任院长，崔书琴任教务长，唐君毅担任哲学方面的课务，当时在香港《民主评论》主编的张丕介兼任经济方面的课务，罗梦册任教历史，程兆熊任教文学。香港商人王岳峰深感钱穆艰苦办学的难能可贵，在1950年出资帮助学校租用了新的教室和宿舍，钱穆因此想把学校发展为日校。考虑到办学细节的各个方面，钱穆选择向香港教育司申请立案另创一校，而此时崔书琴应邀去台湾，钱穆一人主持新学校的创办。新学校定名为"新亚书院"，在桂林街租用了新校舍，设董事会，聘请赵冰为董事长，王岳峰等人为董事会成员，并又新聘数位老师，吴俊升任副校长，刘百闵和罗香林任教历史，张维翰任教中文，卫挺生任教经济

第五章　从教育实践到教育哲思的升华："通"指向人的文化创造

学，陈伯苓任教社会学，杨汝梅任教银行学。[①]这些学者都是比较有名的学者，因此也很受香港教育司的重视。但是新亚建校时的境况非常艰苦，苏庆彬在回忆中写到，读新亚校歌歌词，"读到第三部分'手空空，无一物，路遥遥，无止境。乱难中，流浪里，饿我体肤劳我精，艰险我奋进，困乏我多情。千斤担子两肩挑，趁青春，结队向前行。珍重珍重，这是我新亚精神。'彼此间环顾当日学校的环境和师生的心情，正是如此，感同身受"。[②] 1950年3月，新亚书院发布了由钱穆撰写的《新亚书院招生简章》。该简章将新亚书院旨趣概括为"上溯宋明书院讲学精神，旁采西欧大学导师制度，以人文主义之教育宗旨，沟通世界中西文化，为人类和平社会幸福谋前途"；在课程方面，"主张先重通识，再求专长"；而教学则"侧重训练学生以自学之精神与方法"。

伴随着办学的开展，是钱穆对中国文化的进一步深入探索。"所谓民族，主要是一种文化上的称谓，一民族自身特有的文化，便是其民族生命之灵魂。无文化则民族无灵魂。无文化无灵魂的民族终将失其存在。欲求民族永生，只有发扬民族自身特有之文化，使之益臻完美。[③]基于之前对中国文化与中国历史所做的汇综研究，钱穆进一步提出文化学的更深意蕴，"文化学是研究人生总体意义的一种学问。自然界有事物，而可以无意义。进入人文界，则一切事物，其背后都必有某种意义之存在"，[④]并把中国文化的核心定位在"赞天地之化育"的道德精神之上，"中国人总认为人性皆善，其所以不善，则为环境不良、教导不良所致。由此推演，又认物性皆善，物性之不善，亦有环境不良、教导不良所引致。所以必尽己性，尽人性，始可尽物性。为天地万物安排一好环境，引导一好路向，天地万物一样能和人类合作，一样能配合上人类文化终极理想"。[⑤]钱穆也坚信这份人文终极理想具有

[①] 李木妙. 国史大师钱穆教授传略[M]. 台北：杨智文化事业股份有限公司，1995：35.
[②] 苏庆彬. 七十杂忆 从香港沦陷到新亚书院的岁月[M]. 香港：中华书局（香港）有限公司，2011：189.
[③] 钱穆. 晚明诸儒之学术及其精神[M]//中国历史精神. 北京：九州出版社，2011：225.
[④] 钱穆. 文化学大义[M]. 北京：九州出版社，2012：6.
[⑤] 钱穆. 文化学大义[M]. 北京：九州出版社，2012：78.

极大的现实意义,"目前的世界,似乎指导一切人生的力量偏重在经济,世界缺少指导人生前进的大原则大纲领","此一大纲领应从人类生活之全体中寻找,绝非仅仅是经济的或政治的,也决非属于个人或民族的,应从涵盖人类生活全体的文化中寻找"。①教育是不是可以通过引导青年学子领略人类生活全体,而帮助青年学子建设这一大原则大纲领呢?

5.1 "新亚"办学:"人文主义"实践

1950年发表的《新亚书院招生简章》中明确"新亚"办学宗旨是"人文主义",此"人文主义"兼容"宋明书院讲学精神"与"沟通世界中西文化,为人类和平社会幸福谋前途"的追求,力图以"人文主义"的教育,纠正近来教育中的"专为谋个人职业,求智识之狭义目标之流弊"。②1953年在一次演讲中,钱穆再提人文主义:"我们新亚教育的理想,是人文主义教育之理想。人文主义正是面对人生种种忧与困来。我希望由你们自己的忧困来理解学校的忧困,进而了解到社会大众、国家民族乃至世界人类之忧困。这便是该求的真学问。"③简单地说,钱穆的人文主义教育是培养文化人的教育。

1969年10月,钱穆在《人物与理想》的演讲中指出:"人有两种,一种是'自然人',如我们都由父母生下,便是一自然人。另一种人是要经过加工的。不单是纯粹的自然人,而更加工精制,才可以叫做'文化人'。每一人生下,都有他自己的本质,那是自然的。人有了自然的本质,才可在此本质上再加工夫。如进学校,由小学到中学大学,乃至研究院等,将来他便不

---

① 钱穆. 历史与文化论丛序[M]//历史与文化论丛. 北京:九州出版社,2011:3.
② 钱穆. 新亚书院招生简章[M]//新亚遗铎. 北京:生活·读书·新知三联书店,2004:12.
③ 钱穆. 告新亚同学们[M]//新亚遗铎. 北京:生活·读书·新知三联书店,2004:26.

第五章　从教育实践到教育哲思的升华："通"指向人的文化创造

仅是一个纯粹的自然人,而经受了文化培养,成为文化人。学校是培养文化人的场所,所以学校本身便得要有一番理想。此项理想,则必然便是文化的理想。其实也不仅学校如此,整个社会,整个民族,都有他们的理想。有了理想,乃始可以加工。"[1]在钱穆看来,中国文化理想在教育上的体现,就是培养完整之人格,"中国人之学,主要在如何培养一理想完整之人格",[2]"你须在寻求智识中来完成你自己的人格,你莫忘失了自己的人格来专为智识而求智识。"[3]因此,新亚书院学规第一条便是"求学与做人,贵能齐头并进,更贵能融通合一。"[4]

5.1.1　教育文化视野的扩大:沟通中西文化

钱穆在亚洲文商学院第一次开学典礼上发表讲话指出:"文化教育是社会事业,是国家民族历史文化的生命","读书的目的也必须放得远大。要替文化负责任,……要具备中国文化的知识,同时也要了解世界各种文化。要发扬中国文化,也要沟通中西不同的文化。"[5]20世纪50年代的香港已经是一个中西合璧的现代都市,在香港办学必然会有中西沟通的问题,但钱穆提出沟通中西文化的出发点,是对"文化"之于人生成长的根本价值的坚信,"在今天的社会上,要指导青年如何好好做人,如何好好做事业,他必须先具备

---

[1] 钱穆.人物与理想[M]//新亚遗铎.北京:生活·读书·新知三联书店,2004:584-585.
[2] 钱穆.学与人[M]//历史与文化论.北京:九州出版社,2011:114.
[3] 钱穆.新亚学规[M]//新亚遗铎.北京:生活·读书·新知三联书店,2004:2.
[4] 钱穆.新亚学规[M]//新亚遗铎.北京:生活·读书·新知三联书店,2004:2.
[5] 钱穆.亚洲文商学院开学典礼讲词摘要[M]//新亚遗铎.北京:生活·读书·新知三联书店,2004:1.

一种文化的观点",[①]也认为建设中国的人才需要具备广阔的文化视野,做中国人不是关着门做中国人,"中国人必得站在世界的立场上来做一个人,……了解世界人类文化所包涵之大意义,及其大趋向"。[②]这种大趋势是什么？是"接受科学洗礼的新的整全的工业与农业配合的文化"。[③]钱穆讨论过中西文化的差异,也批评"当今西欧文化发展到如今的最大缺点是以个人主义的物质生活为骨髓",甚至是借用福音宣传来为商业性的掠夺开路。[④]那么钱穆所要沟通的西方文化是什么？是科学精神,不是科学方法"应用之效果",所谓科学精神是"由抽象到具体的推理思维方法",[⑤]而沟通的可能性在于"中国儒家思想虽与近代新科学取径不同,但而求其知识,又贵证验,不重玄思,此一态度正是谨慎的中国儒学之思,是人类欲求创建人文科学之一种初步试探"[⑥]。

新亚书院的持续发展和当时在香港殖民地华人教育整体的发展是有密切关系的。20世纪50年代,香港当地的华人对于教育的需求越来越大。由于当时在香港以英文教学的中学数量超过以中文教学的中学,但是中文小学的毕业生数量大大超过英文小学的毕业生,而且当时香港本地唯一的香港大学是以英文教学,只收取能适应英文教学的中学生,导致很多香港学生在香港地区以外的地方上学。1951年,香港殖民地政府成立"Keswick Committee on Higher Education",即凯瑟克高等教育委员会。1952年,该委员会发表报告,提出"现时以中文授课的大学课程如此缺乏,是香港教育制度中最严重

[①] 钱穆. 农圃道新校舍奠基典礼讲词摘要[M]//新亚遗铎. 北京：生活·读书·新知三联出版社,2004：81.
[②] 钱穆. 农圃道新校舍奠基典礼讲词摘要[M]//新亚遗铎. 北京：生活·读书·新知三联出版社,2004：81.
[③] 钱穆. 世界文化明日与新中国[M]//文化与教育. 北京：九州出版社,2012：88.
[④] 钱穆. 从两个世界说到两种文化[M]//文化与教育. 北京：九州出版社,2012145.
[⑤] 钱穆. 中西文化接触[M]//文化与教育. 北京：九州出版社,2012：131.
[⑥] 钱穆. 中国儒家思想对世界人类新文化应有的贡献[M]//世界局势与中国文化. 北京：九州出版社,2011：162.

第五章　从教育实践到教育哲思的升华："通"指向人的文化创造

的缺陷"，[①]但是又认为中文教学不适合高等教育。对于这个模糊的结论，当时的争论是围绕是否由香港大学开设中文课程。时任香港大学科学院院长认为以中文教授理科科目很困难，而香港大学议会也不打算批准以中文讲授的理科课程。到1956年，香港决策层认为香港教育在中英教学并没有促进香港地区的文化交流，反而是读英文学校的华人与读中文学校的华人之间越来越隔阂。不过，在教育实践的一线，中文学院在20世纪50年代以来的良好发展以获得殖民地政府的重视。以崇基学院和新亚书院为例，崇基学院建于1951年，是由教会创办，希望为香港提供中文教育和基督教传统的高等教育，到1954年，崇基学院获得政府贷款和批地。新亚书院在1955年获得政府对于扩建学校需要的土地供应，同年，钱穆获得香港大学名誉博士学位。

面对香港地区对于中文教育的争论，钱穆保持以沟通中西文化作为教育目标之一，也是针对香港地区的教育状况而发展的理念。钱穆担忧香港的私立学校或是因其本身是教会学校，在教育精神上偏重宗教，或是因经营困难而过于追求经济效益，在教育目标上只止步于英语教育或者职业教育。[②]这些教育目标很重要，但是不够，尤其对于香港地区的长期繁荣不够。钱穆认为，香港地区的长期繁荣不能仅靠"那一套英政府法律"，也不能靠天主教信条，要靠有中国文化的中国人。[③]所以，香港的高等教育需要有大的志气，"植根于中国文化传统扩大与融通，与文化创新相呼应之人文新教育。"[④]钱穆反对只强调民族文化使命或世界文化使命，局限于前者，将有陷入狭隘民族主义的危险。局限于后者，由于没有"对其本国文化传统，无认识，无修养，终恐其对于外来文化，亦同样不能深切地认识与接受"，[⑤]再高远的理想也无法实现。正如钱穆所说，中国要学习西方文化，但学习的目的是重新认

---

① 周爱灵. 花果飘零 冷战时期殖民地的新亚书院[M]. 香港：商务印书馆（香港），2010：130.
② 钱穆. 当前香港的教育问题[M]//文化与教育. 北京：九州出版社，2012：323-324.
③ 钱穆. 当前香港的教育问题[M]//文化与教育. 北京：九州出版社，2012：325.
④ 钱穆. 当前香港的教育问题[M]//文化与教育. 北京：九州出版社，2012：326.
⑤ 钱穆. 香港金文泰中学一九五六年毕业典礼讲话[M]//文化与教育. 北京：九州出版社，2011：380.

识自己的文化，只有中国文化独立地成为世界文化的一分子，中国文化才能支持中国成为有独立精神的国家。[①]所以，钱穆在1959年重申，"我们是为栽培中国青年而创办此学校"。[②]1962年，面对即将成立的香港中文大学，钱穆是怀抱人文主义理想，"条件愈有限制，精神愈见发旺。理想必须投进于现实，必须借此现实来完成。"[③]

1963年，钱穆对即将成立的香港中文大学寄予以下厚望："理想的大学是具备深厚的特殊性。在世界上，也在共通性上发展。理想的大学负有更重大的意义与使命，是促进文化交流。关注其特殊性达到其共通性，不是单独举出一个尺度和规范"。[④]钱穆在基于对文化交流的肯定之上，来处理教育的特殊性和共通性。教育必须从特殊性出发，才能增加共通性的内涵厚度，不同文化之下的教育的相互沟通，不是一个规范约束而得来的"一致"，而是都来贡献对于人文的理解和实践努力，来互相启发教育如何能够更好地培养人。因此，共通性是一个永远处在形成和建设中的状态。

5.1.2 走向"通人"的具体道路：性情与事业相通

教育的文化意味不是虚幻的，或者说真正的要建立起教育的文化性，必须找到文化与人的行为能够碰撞出火花而发生化学反应的那一个连接点。对于钱穆来说，经过多年的文化研究和教育实践，这一个连接点，正是在人的"性情"。钱穆认为，人生乃由两面组成，一面是"业"或"事业"，另一面是"性"或"性情"。钱穆在此所说的"业"或"事业"，并非通常所谓的建功立业，而是具体的事务，他自己所说，"从早上起床到晚上睡觉，做工、

---

① 钱穆. 欢迎耶鲁协会代表讲词摘要[M]//新亚遗铎. 北京：九州出版社，2011：42-43.
② 钱穆. 珍重我们的教育宗旨[M]//新亚遗铎. 北京：九州出版社，2011：189.
③ 钱穆. 回顾与前瞻[M]//新亚遗铎. 北京：九州出版社，2011：399.
④ 钱穆. 一所理想的中文大学[M]//文化与教育. 北京：九州出版社，2012：226-228.

第五章　从教育实践到教育哲思的升华："通"指向人的文化创造

不做工都好，都是人生的事业"。[1]什么是"性情"呢？钱穆认为，"性情是一个人对其事业方面之感觉或反应，喜、怒、哀、乐、爱、恶、欲，此七情皆为其人对自己事业的反应，皆是人生之性"，[2]也是个体的独特性，所谓"为己则重在性上，为人则重在业上，这里有一大分辨。人生在此分辨上，应知有一选择"。[3]生命个性源自个体性情，在人生向往的推动下，不断追求真善美，追求与他人和更广大历史生命的相互沟通，在与外界之物与人的互动和情意交流中，在对既往人类历史大道的领悟和传承中，加入人类历史大生命中，才有文化人生，也是有各自独特性的生命风格。因而，培养性情也成为钱穆对大学生们的人生叮嘱的关键词。

对于大学生，读书和毕业以后选择职业都是重要的事情。如何把这两件事情做好，钱穆认为要从性情修养出发，"第一个是选我喜欢的，第二个是我最能尽职，最能有成绩，最能表现自己"，[4]表现自己的什么？人品，"我们所谓人品，就是做人的内在标准"，[5]性情是人品培养的基础。只有这样，无论在学校读书还是离开学校走上职业发展，都是能够表现和发展自己的人品的行为。对于性情的尊重或者违背的前提是有选择的自由，因此钱穆希望现代大学生能珍惜自由。钱穆所论的自由是具有道德性的，在他看来，自由是人生进入艺术化境界过程中，所被激活的人类品质，或者说追求艺术趣味是自由的最佳发挥，而艺术趣味在中国文化中的最高理想就是我心与自然融为一体。[6]因此，对大学生而言，对自由的最充分发展，正是"不该去专以谋求职业和解决私人衣食生活来作为进入大学唯一目的。抛开职业和出路，才始有真正的前途，才始会感到当前自由可珍重。否则，专在职业上

---

[1] 钱穆. 事业与性情[M]//新亚遗铎. 北京：九州出版社，2011：445.
[2] 钱穆. 事业与性情[M]//新亚遗铎. 北京：九州出版社，2011：446.
[3] 钱穆. 事业与性情[M]//新亚遗铎. 北京：九州出版社，2011：448.
[4] 钱穆. 为学与做人[M]//新亚遗铎. 北京：九州出版社，2011：172.
[5] 钱穆. 为学与做人[M]//新亚遗铎. 北京：九州出版社，2011：174.
[6] 钱穆. 道德与艺术[M]//中国文化丛谈. 北京：九州出版社，2011：243.

用心思，并无多大自由"，①充实的人生一定是上进的人生，"所谓上进，并不指求天天有更高的职位与名利，而是不断充实自我"。②性情是人的文化性的基础，是人的文化性成长的必要条件，而不是充分条件，需要以知识修养性情。

钱穆承认知识的重要性，"人文精神何尝能离开知识与技能？哪有无知无能的人文精神？"③知识技能的学习依然需要"各就才性"，同时追求普遍的人之为人的本色和适合性情的专业学习，这两方面共同构成了个人理想，这样的理想"虽是各别的，仍是共通的，……能在社会人群文化体系中尽自己的职分，能对社会大群文化大体有贡献"，④否则"做人的普遍条件不够，只以技艺骄人，则风格便低下了"。⑤

治学过程何以能陶冶性情？首先，还是对知识的特点做辨别。"任何一门学问，其最先则莫不由于某些问题而来。……待解决问题分为两类，内在问题与外在问题。内在问题，出生在本学科之内部，外在问题，发动在此学科之外部。自然学科对物之学，一切问题起于物，人文学科，一切问题起于人。"⑥

对自己的性情和从事学问的特点都有辨别，"做事"才会与"做人"统一起来。首先，做学问要从自己的情出发。再者，治学过程也是培养德性的过程。钱穆认为自然科学研究者需要有"无我"之精神，踏踏实实、耐心等待之精神，服善精神，而人文学者，既要"无我"，又要"有我"，既能不把自己个人的打算放进去，同时此人又必须有感情，有抱负，不忘忠、孝、仁、义，能有喜、怒、哀、乐，同样，也需要实事求是，需要踏实积累。进一步，不论是治自然科学，还是治人文科学，都要有献身精神。"所谓献身，

---

① 钱穆. 在现代如何做一个大学生[M]//历史与文化论丛. 北京：九州出版社，2011：372.
② 钱穆. 第六届毕业典礼讲词[M]//新亚遗铎. 北京：九州出版社，2011：96.
③ 钱穆. 知识技能与理想人格完成[M]//新亚遗铎. 北京：九州出版社，2011：146.
④ 钱穆. 知识技能与理想人格完成[M]//新亚遗铎. 北京：九州出版社，2011：148.
⑤ 钱穆. 竞争比赛和奇才异能[M]//新亚遗铎. 北京：九州出版社，2011：308.
⑥ 钱穆. 择术与辨志[M]//中国学术通义（新校本）. 北京：九州出版社，2012：326.

第五章　从教育实践到教育哲思的升华："通"指向人的文化创造

便是把你的全部生命都交出来，全部精力都用上了，此非先有决心不可，非先能立志不可。然而所谓立志献身，也不过把你那一分天赋才性之最高可能尽量地让它发展而成熟，那又于你何损呢？今不此之图，而反把你的那一分天赋才性隐藏了，埋没了。把你的整个生命，全部精力，来随便使用，随便浪费了，仅仅换得一些私人的金钱报酬与职业出路。试问有了真学问，哪会无出路？如此打算，实是既不仁，又不智，且无勇。以如此之人来投身学问，试问其价值意义何在呢？"[1]由此可见，"择术"之上，贵能"辨志"。而所谓辨志，实即辨明自己的才性所近，然后拿出勇气，"献身必具有大勇。有大勇于献身者，尤贵能不失其身。故学问择术，贵能自审其一己才性之所近。仁与智，则为人类才性之两大区分。必具大仁大智，乃能有大学问。然亦为其有了大学问，才见其为大仁与大智。人之德性与学问，乃于此而结合。"[2]追求伟大学业与伟大事业。

不仅是在校做学问，要从性情出发，学生在寻找职业事业发展之时，也要从个人性情出发。实际上，在新亚书院开始筹划加入香港中文大学，对于新亚教育的价值定位，就引起了争论。香港殖民地政府要求新亚书院提供更实用的课程，这一点新亚书院也不反对，但是令人觉得矛盾的是，新亚的目标是以文化知识教育下一代，培养学生的文化自豪感和文化意识，这样的人才也将成为社会有用之才。但如何在课程设置上过多地服从实用性的要求，则会使文化教育变得模糊。

唐君毅对此的解释是"本校之称书院，其原意在承继宋明书院讲学的精神……此是超越职业的。"与唐先生不同，钱穆不否认职业的重要性，只是否定职业选择的急功近利带来的求学上的急功近利。因此，提倡从性情出发，而建设事业，也就能成就职业。只有先做"性情中人"，我们才更有可能成为"事业中人"，相反，若忽略"性情"而径直想做"事业中人"，致使外面的事业违逆了自己的性情，则内心的满足与快乐从何而来？个体内心不满足、不快乐，世界又怎会平安和乐？"只问事业所需，不问性情所宜。只

---

[1] 钱穆. 择术与辨志[M]//中国学术通义（新校本）. 北京：九州出版社，2012：327.
[2] 钱穆. 择术与辨志[M]//中国学术通义（新校本）. 北京：九州出版社，2011：370.

求成才，不求'尽性'。把人生只当作一种工具，专为外面需要，不问内部生命之真实所在，……是大有问题的。"[1]

钱穆并不认为新亚的课程不能满足学生和香港社会的需要，反而是能在深层次上满足学生的成长需要。"表面上看，我们不同学系所提供的一些课程，看起来可能跟学生毕业的就业没有关系，但是实际上却不是如此。通过履行教育崇高的目标，我们相信这些课程，无论是为着社会的福祉和年轻人的需要也好，都是不可缺少的"。[2]钱穆所秉持的职业观也是从个人性情出发，从做人出发，"要知道自己的性情近于那一方面。如此将来诸位方可挑选，决定自己的出路。如果我们挑选的职业，恰是自己所最喜欢的，做起来当然是最能干，最出色，最有把握的。这样人生才会有幸福，对社会也会有贡献。"[3]

钱穆观点的关键是对于人的成长需要的判断，落在完善人格之上。人是应该有所表现，但人的意义和价值却不尽在其外面的表现上。倘使他没有表现，也会不失其意义与价值之所在。那些无表现的人，若必说他们有表现，则也只表现于他们内在的心情与德性上。这也能解释，新亚书院以开办文化讲座和夜校的形式，来使学生对于文化传承有更丰富的经验。新亚书院在1950年11月至1955年1月期间共举办新亚文化讲座139次，包括122个主题。[4]新亚书院在1952年为贫困儿童办夜校，初衷是为照顾那些需要工作来养活父母和自己的贫困儿童，只收取少量学费或者免费为学生提供服务，而根本立意是为更多的儿童提供中国文化知识和道德的引导。可以说，性情的培养，需要学习和社会实践。文化学习，是为学生提供中国文化的优秀知识，培养学生对中国文化的欣赏感，同时努力学习西方的文化知识。为了真正培养学

---

[1] 钱穆．事业与性情——本校学术演讲词[M]//新亚遗铎．北京：九州出版社，2011：611．
[2] 周爱灵．花果飘零 冷战时期殖民地的新亚书院[M]．香港：商务印书馆（香港），2010：227．
[3] 钱穆．为学与做人[M]//新亚遗铎．北京：九州出版社，2011：208-209．
[4] 周爱灵．花果飘零 冷战时期殖民地的新亚书院[M]．香港：商务印书馆（香港），2010：47．

生能够参与文化建设事业,需要真正的文化生活经验。

5.1.3 通学课程实践:"通""专"结合

　　钱穆认为,学术本身就是文化的传递者,而中国教育若要能传递中国文化,必须有"通学"意识,"所谓通学,即是从文化大原来辨认学术分野"。[①] 钱穆不反对学术专分,是反对没有在学术大体的指导下,为分科而分科的专门化。钱穆认识到西方教育有专门化的表现,但也强调西方学术有通学之源,钱穆把西方的学术专门化现象放在西方整个社会文化中,认为首先西方学术有自己的源流,其次在西方社会生活中"有宗教法律风尚习俗整个西方文化在无形中陶冶人生",[②]因此西方学术专门化之外还是有一个"西方国家社会各部门相互融合的文化大体",而"中国学者尚不知学术之大体,不知由整到散,由大纲领到各细目的演进之路",[③]而且"中国全社会各部门在崩溃,法律风俗,家庭传统各方面失却精神与力量",因此,没有中国学问大体精神的分科,是只在学习西方教育的"枝叶"。[④]中国大学教育要担负更多责任,这个责任就是找到"种种活动背后的那一个共通深厚的文化领域,把文化落实在人身上"。[⑤]如果把专门学术与文化大原的联系相切断,丢掉一个总枢纽来综合,那么学术会功利化,"对智识看作一工具,对人看作一工具无益于文化传承与人生前进"。[⑥]新亚书院对于文化沟通的期待,决定新亚书院是一个传递知识,期待知识探讨的开放性的空间,就如钱穆对教育的自由本质的理解,"这是因人类直到今天,对于宇宙人生各项真理就其发现而言,

---

① 钱穆. 理想的大学教育[M]//文化与教育. 北京:九州出版社,2011:212.
② 钱穆. 理想的大学教育[M]//文化与教育. 北京:九州出版社,2011:213.
③ 钱穆. 理想的大学教育[M]//文化与教育. 北京:九州出版社,2011:215-216.
④ 钱穆. 理想的大学教育[M]//文化与教育. 北京:九州出版社,2011:212.
⑤ 钱穆. 理想的大学教育[M]//文化与教育. 北京:九州出版社,2011:213-214.
⑥ 钱穆. 理想的大学教育[M]//文化与教育. 北京:九州出版社,2011:218.

尚有许多异见，因此，教育只能把今天所认识的真理乃至相异的都传授，期待后来者的探索"。①这也引导新亚书院以求学问的"互相融合贯通"为学风，"本校提倡中国文化，决非抱残守缺。文化内容理当日求创新，则本校文学院，文、史、哲、艺术各系一样中西并重，并不走上偏枯之路"。②

新亚书院的课程和机构十分强调人文教育，提供的课程包括社会科学、自然科学、实用商科和其他有关各国各地的学科课程。在这些科目设置中，人文和中国文化知识是核心课程。根据1952年《新亚书院沿革旨趣与概况》，新亚书院至1952年开有四个系，分别是文史学系，下分中文组、外文组、历史组；哲学教育系，下分哲学组与教育组；经济学系和商学系。课程安排如下：③

系别	组别	共修课	选修课
文史学系	中文组	各体文选，英文，哲学概论，政治学，经济学，社会学，理则学，中国通史，中国学术思想史，国学概论，人生哲学，伦理学	中国文学史，中国文化史，西洋通史，经子选读，文史选读，庄子，史记，论语，孝经，孟子，荀子，中国文字学，散文选读及习作，诗词选读及习作
	外文组		英国文学史，英文散文选，西洋通史，中国文化史，作文与会话，英国小说选，英文名著选读，西洋哲学文化思想史，英国诗歌选，英国戏剧选，莎士比亚，英文速记，英文打字，英文通讯
	历史组		西洋哲学文化思想史，西洋近代政治史，秦汉史，中国政治史

---

① 钱穆. 自由教育[M]//历史与文化论丛. 北京：九州出版社，2011：258.
② 钱穆. 第十届毕业典礼致词[M]//新亚遗铎. 北京：九州出版社，2011：310.
③ 钱穆. 新亚书院沿革旨趣与概况[M]//新亚遗铎. 北京：九州出版社，2011：14-17.

第五章 从教育实践到教育哲思的升华："通"指向人的文化创造

续表

系别	组别	共修课	选修课
哲学教育系	哲学组	各体文选，英文，社会学，心理学，理则学，中国通史，中国学术思想史，国学概论，伦理学，西洋通史，西洋教育思想史，人生哲学，哲学概论	经济学，西洋哲学，中国哲学名著选读，论语，孝经，孟子，荀子
	教育组		教育概论，西洋哲学文化思想史，中国教育史，统计学
经济学系		各体文选，英文，经济学，社会学，政治学，心理学，理则学，中国通史，西洋通史，伦理学，哲学概论，中国文化史，中国经济史，会计学，西洋经济史，统计学，财政学，国际贸易，经济政策，中国经济问题	货币银行学，经济地理，西洋经济学名著导读
商学系			货币学，银行学，银行会计，成本会计，审计学，国际汇兑与金融

钱穆指出，四系各组课程之开设一律遵循以下两个原则："注重各系（一、二年级）共同之基本课程，培养健全之思想基础，故哲学、史学、心理学、社会学、经济学、语文学等课程所占时间较多；专门性质及技术性质之课程，自三年级开始，注重学生自修与导师之个别指导，故上课时间转较一、二年级为少"。[①]在此课程设置中，"文选"是所有专业必修课，反映钱穆对文字教育的重视。到1952年，新亚书院的教师队伍扩大，聘请了衡申父、余天民、余协中、孙祈寿、曾克耑、徐泽予、凌乃锐等学者。[②]

1953年美国耶鲁协会决定从1954年秋天开始，资助新亚书院，因此钱穆也为1954年到1959年的学校发展做了规划。首要还是用力发展课程，计划在1955年能够增开外文系，在1956年增开历史系，使中文系、外文系和历史系各自独立，在1957年使哲学系和外文系分别独立，并希望能有余力再增开中国艺术系，也提出设立研究院，"培植校内校外青年，能对人文学科与

---

① 钱穆. 新亚书院沿革旨趣与概况[M]//新亚遗铎. 北京：九州出版社，2011：9.
② 钱穆. 新亚书院沿革旨趣与概况[M]//新亚遗铎. 北京：九州出版社，2011：18-19.

中国文化作高深研究"。①1955年，钱穆拟研究生计划纲要，开篇立意即是中国问题已成为世界问题之一环，若昧失了中国文化特性，仅就世界形势来谈中国，结果不但会阻碍中国的发展，也不利于世界的稳定，所以需要研究中国文化，使中国文化不仅是理想信念，也能得到"深厚坚实的证明和发挥"。②

1959年，建立香港中文大学的计划确定之后，新亚书院迎来了一个扩展学科的发展时期。在新亚书院发展的最初十年，文学、历史和哲学三科是重点，在社会科学和自然科学方面没有提供高级研修的课程。到1959年，新亚书院开设了九个学系，分别是中国文学系、历史学系、外国语文学系、哲学教育学系、经济学系、商学系、工商管理学系、艺术学系和研究所。③1960年成立了生物系和数学系，1961年成立了化学系和物理系。

除了开设多样的课程以外，新亚书院十分提倡课程学术化，并在新亚书院的教学实践中积极推行，对此钱穆说道："只要是一间有名的大学，真像样、真够水准的大学，定是一间具有学术性的大学。"④准确地说，钱穆提倡的是学术性的学习，钱穆批评只为应付考试取得高分的学习，而提倡探索真学问，"学问正是要学要问，听了记着不是学问，须自己在学、在问、在研究中，有了心得，那学问便是自己的。"⑤课程学术化不仅是对学生的期待，新亚教师也需要积极参与，比如新亚书院规定教师除了正常的课堂讲授时间在学校外，还应设定一定的空闲时间留在学校，便于学生课下也能向老师请教问题。还要求每一课程的教师除了课堂讲授指定的教材外，还应向学生推荐一两本参考书以供学生课外学习之用，这样可以开阔学生的视野，增加学生的知识量，便于学生站在更高的视野学习和研究知识。以新亚研究所为例，主要有两个方式丰富学生的阅读，第一是指导阅读，研究所成立了三个

---

① 钱穆. 新亚书院五年发展计划草案节录[M]//新亚遗铎. 北京：九州出版社，2011：65.
② 钱穆. 研究所计划纲要[M]//新亚遗铎. 北京：九州出版社，2011：69.
③ 钱穆. 校务概况[M]//新亚遗铎. 北京：九州出版社，2011：219-220.
④ 钱穆. 校风与学风[M]//新亚遗铎. 北京：生活·读书·新知三联书店，2004：399.
⑤ 钱穆. 校风与学风[M]//新亚遗铎. 北京：生活·读书·新知三联书店，2004：398.

第五章　从教育实践到教育哲思的升华："通"指向人的文化创造

阅读小组，学生需要选择加入其中两个，在两年内持续参加阅读学习。以下是各组书目：[①]

	小组一	小组二	小组三
第一学期	论语，孟子	通鉴	诗经
第二学期	老子，庄子	通鉴	楚辞
第三学期	宋元学案	史记	左传
第四学期	明儒学案	汉书	礼记

第二是课外阅读，要求学生在六部文献中选择阅读四部，然后提交阅读报告。这可供选择的六部文献是《近思录》《日知录》《读史方舆纪要》《文史通义》《廿二史札记》和《经学通论》。[②]同时，课堂学习之外的学术刊物的创办，也成为新亚师生学术性教学的交流媒介。如，新亚书院的学生于1952—1958年创办的《新亚校刊》。此刊物主要报道新亚日常生活状况、校长的演讲内容，以及本校教师和学生的优秀投稿文章。1959年创办的《新亚书院学报》是学术性质较浓的一份刊物，刊载的多为教师和学生的学术论文。比如，第一期刊载了钱穆的两篇文章《中国思想史中之鬼神观》和《王弼郭象注易老庄用理字条录》，以及唐君毅的文章《论中国哲学思想史中理字六义》，第二期刊载了余英时的文章《东汉政权之建立与士族大姓之关系》。《新亚学报》提供了一个学术交流的平台，便于学生了解和学习他人的研究成果。此种做法对于新亚书院学术研究化的形成起到了很大的帮助。

在课程学术化之外，钱穆更期待建设良好的校风和学风。"校风是指一

[①] 周爱灵. 花果飘零 冷战时期殖民地的新亚书院[M]. 香港：商务印书馆（香港），2010：43.

[②] 周爱灵. 花果飘零 冷战时期殖民地的新亚书院[M]. 香港：商务印书馆（香港），2010：44.

种学校空气言，学风则指一种学术空气言"，①因此提出"学校的责任，尤其是大学的责任，则在提倡新的学风，培植新的学者"。②因此，钱穆也提醒学生，我们所需要的制度"是联系贯彻到全校上下"，③使大家一起来建设优良之校风与学风，关键是"要同学们各以自动的精神来发现和发展自己的长处"，"我们希望同学到将来须好过现在的先生，如是才是一种进步"，④钱穆对于进步的观点也体现其关注人的全面发展，从人的进步上来谈论进步。

5.2 "通"指向人的文化创造性

钱穆提倡的"通人"，是与文化相通，深入地看，是"天人合一"的人生境界。什么是"天"？"天"是不可知的，因此孔子对"天"的惊叹，是情感表达，钱穆主张的"天人合一"是以人的生活艺术的创造完成普遍的"生生之德"。⑤因此，钱穆对于人具有的文化创造潜力深信不疑，相信"无论如何，人总可以成一人，完成一个有意义有价值合理想合标准的人"，因而认为"今天提倡中国文化，莫如各自先学做人，做一理想的中国人"。⑥教育承担的责任正是培养理想的人，"教育职责，本应该把陶冶做人为其主要目标的。"⑦什么样的教育可以支持每一个人都能"努力做人"？钱穆的答

---

① 钱穆. 校风与学风（校刊六期）[M]//新亚遗铎. 北京：生活·读书·新知三联书店，2005：51.
② 钱穆. 新亚书院沿革旨趣与概况[M]//新亚遗铎. 北京：九州出版社，2011：15.
③ 钱穆. 课程学术化 生活艺术化[M]//新亚遗铎. 北京：九州出版社，2011：267.
④ 钱穆. 关于新亚之评价[M]//新亚遗铎. 北京：九州出版社，2011：279.
⑤ 钱穆. 双溪独语[M]. 北京：九州出版社，2011：2.
⑥ 钱穆. 中国文化与中国人[M]//中国历史精神. 北京：九州出版社，2011：55，157.
⑦ 钱穆. 理想的大学教育[M]//文化与教育. 北京：九州出版社，2012：209.

第五章　从教育实践到教育哲思的升华："通"指向人的文化创造

案是人文主义的教育，"惟有人文主义的教育，可以药救近来教育风气，专为谋个人职业，求智识之狭义目标之流弊"，再进一步看，人文主义教育的特点是"通"，以求"通学"来引导学生进入文化历史中，帮助学生成长为有"通人"意趣的专家。① 在前面的文字中，已经讨论了在新亚办学中对于"通"践行，接下来将讨论"通"对于充实中国现代教育的文化意味，对于超越新亚书院这一时一地的更普遍的价值。

5.2.1 "通人"揭示人的生存人文性

中国文化对于"文"有独特理解，"何谓文？由人伦关系化出来的人文。"人伦关系是心与心得问题，所以才有爱与敬。② 人文修养从心意开始，而心意的基础是性情，"心灵生命第一大务是求知性"。③ 如何知？"中国传统思想更重性情论，把性情放到大生命中则见善，拘闭在小生命里则成恶，在心情和行为上感触到我身以外的大生命"。④ 性情是"我"之觉醒的基础，而关于"我"之自觉，是"自然人跃进人文世界至要之一关"⑤。

性情的差异引发了如何以性情为基础来发展人伦关系的问题。在钱穆看来，人有对于沟通的渴望和能够实现沟通的能力，这份渴望和能力源于"人心"，"科学的萌芽，就源于心与物的打交道，心的智慧努力追求身生活之安全与丰足，在这样的追求中，不仅是身体生存得到保护，心也享受到喜悦和满足。"⑥ 科学技术的发展是人心能力的体现，恰好能说明人类对心灵满足的不懈追求。"人心"不仅渴望与物打交道，也渴望与人打交道，"（中国孔子）

---

① 钱穆. 新亚学规[M]//新亚遗铎. 北京：九州出版社，2011：3.
② 钱穆. 中国的人文精神[M]//中国文化丛谈. 北京：九州出版社，2011：291.
③ 钱穆. 人生三阶层[M]//历史与文化论丛. 北京：九州出版社，2011：177.
④ 钱穆. 人生三阶层[M]//历史与文化论丛. 北京：九州出版社，2011：179.
⑤ 钱穆. 物与心[M]//人生十论. 桂林：广西师范大学出版社，2004：25.
⑥ 钱穆. 如何解脱人生苦痛[M]//人生十论. 桂林：广西师范大学出版社，2004：60.

他牖启心走向心，教人心安放在人心里。他教各个人的心，走向别人的心里找安顿，找归宿。父的心，走向子的心里成为慈；子的心，走向父的心里成为孝；朋友的心，走向朋友的心里成为忠与恕。心走向心，便是孔子之所谓仁"。①钱穆把握住身心一体的关系，反对离开人之身来谈论人之心，而是要人"把自己的心仍放在自己的身之内"，肯定有己心和他心之区别，进而说明只有心走向心，把自己的心来照察别人之心，己心和他心之和合为一，才是人之心，"所谓人心者，乃人同此心之心"。②

钱穆指出："中国文化向极注重'人文'精神，而人文精神的主要重心，则在人心"，"人的心，人的生命，可以跳离自己躯体而存在而表现。我才懂得看世界一切事物后面所隐藏的人心与人生命之努力与意义。"这也揭示了有一个大生命在表现，也鼓励我们去理解我们个人生命的意义的广大与悠久，与生命活动之广大与悠久。③钱穆把文化的本质置于人心和人群之内，为研究"各自当前自己做人"④找到了可以凭借的资源。中国文化侧重在人类生活本身之内在经验，⑤这种经验的有机组成部分包括历史视野、群体关怀和个人的身心体验。站在人类历史中看个人，"实在是先有了人群与社会乃始有个人的。个人必在人群中乃始有其生存之意义与价值。人将在人群中生活，将在别人身上发现他自己，又将在别人身上寄放他自己"。⑥这就是说先有历史文化，才有真正意义上的个人，即历史和文化的人，同时，个人也不能脱离大群和社会而存在，人的现实存在与价值是在与社会中其他的人发生各种关系后才能产生的。他又说："天地所生之人只是一'自然人'，入了社会以后做的人，才是社会的人，历史的人，才是文化人。"⑦个人是与家庭、社会、国家和天下重重结合相配才成为人的，"人必在群中始有道，必

---

① 钱穆. 如何解决人生苦痛[M]//人生十论. 桂林：广西师范大学出版社，2004：63.
② 钱穆. 如何解决人生苦痛[M]//人生十论. 桂林：广西师范大学出版社，2004：64-66.
③ 钱穆. 物与心[M]//人生十论. 桂林：广西师范大学出版社，2004：31-32.
④ 钱穆. 中国文化与中国人[M]//中国历史精神. 北京：九州出版社，2011：156，157.
⑤ 钱穆. 文化学大义[M]. 北京：九州出版社，2011：106.
⑥ 钱穆. 湖上闲思录[M]. 北京：九州出版社，2011：97.
⑦ 钱穆. 中国文化与人文修养[M]//历史与文化论丛. 北京：九州出版社，2011：33.

第五章　从教育实践到教育哲思的升华："通"指向人的文化创造

与人相配成伦始见理。离开对方与大群，亦就不会有个人。因此个人必配合进对方与大群，而一切道与理，则表现在各自人的身上。"①

以心生活来表达中国人的文化人生，钱穆首先揭示人的生命的整体性。"人的生活，可分为'身生活'与'心生活'，即是物质生活与精神生活。……照理心生活是主，是目的；身生活是仆，是手段。没有了身生活，就不可能有心生活。但没有了心生活，身生活便失去了其意义与价值。"②其次，发展了人的生命之内的互动性，说明内心超越的根据。对应于心生活对身生活的超越，乃有自然人生与文化人生的分别。人类最初仅萌身生命，因而身生活及其人生向往无以越出物质人生之外。自然人生只在有限时空内开展，起初只有自然赋予的求生繁衍目的，处理的只是人类身生命与自然界的物质交换关系，从文化角度看，其实是无目的、无意义的人生。由身生活进入心生活，需要凭借"向往"，"人生只是一个向往，我们不能想象一个没有向往的人生。"这是钱穆在《人生十论》之《人生三路向》一文中开宗明义的话，它认定人生的本质就是"向往"。钱穆所谓"向往"，是指源于心的"自觉"与"自决"能力。钱穆在《如何获得我们的自由》中指出："无论如何，人类要寻求自由，必该在'心性'之自觉与夫'人心'之自决上觅取。"③钱穆说："有目的有意义的人生，我们将称之为'人文'的人生，或'文化'的人生，以示别于自然的人生，即只以求生为唯一目的之人生。"④自然人生虽然提供了文化创造的物质基础，但是它是低层次的人生，并不能构成或融入人类文化生命的意义世界；只有文化人生才是有目的有意义的人生，才能决定人类文化生命的基本性相。如果说心生命超越身生命，意味着人类心量的广度的铺展，那么，"心生命"的自我超越则意味着人类心量的立体进伸。

正是这样的人心人群，才有中国人的人生，"中国人的人生观，乃非个

---

① 钱穆. 中国文化与中国人[M]//中国历史精神. 北京：九州出版社，2011：125.
② 钱穆. 中国文化中理想之人的生活[M]//中华文化十二讲. 北京：九州出版社，2011，46.
③ 钱穆. 如何获得我们的自由[M]//人生十论. 桂林：广西师范大学出版社，2004：43.
④ 钱穆. 人生目的和自由[M]//人生十论. 北京：九州出版社，2011：26.

中国文化教育视野下的通识教育——论钱穆"通学"教育思想

人,非全体;亦个人,亦全体,而为一种群己融洽天人融洽之人生。由中国古来习用语说之,此乃一种道德人生,亦即伦理人生。伦理人生亦称人伦。中国人于人伦中见仁,见善,见中庸,见德性,见道。于人伦中见人道,亦即于人伦中见天道。无个人,即无全体,而个人必于全体中见"。[①]不同的人伦关系是相对的,所以会合五伦而整体通观,就会看到我是一个中心,社会群体为自我的外围,而外围与中心,又是合成一体。故中国文化精神,乃以此有限中之有限个人——小我为中心,而完成其对于无限宇宙之大自然而融为一体者,这样的人即是天地间完人,是"通人"。

钱穆认为人性之善源于人心的可相通,人心相通是人文得以发展的起点。"儒家并不在人类自心之外去另找一个神,儒家只认人类自心本身内部自有它的一种无限性,那即是儒家之所谓性",[②]中国文化里的自然之性,是德的起点。"德就是性,在我们自己内部的本就充足,不必讲外面的条件,只要能把来表现就行",[③]所以人的"德"是源于人的天性,也是对天性的琢磨而成。人文修养"乃中国文化一最要支撑点",所谓人文中心与道德精神,都得由此做起。[④]在钱穆那里,人文演进是无法脱离自然,人文演进是自然演进之一态,所以中国人文道德观确立的起点仍在"自然天性",而培养天性的过程正是从自然到人文的演进之路。"天命之谓性,人性本由天赋,但要人能知修养,能把此天赋之性事件自得确有之己,始谓之德",[⑤]所以"中国传统的道德教育,乃一本于人类之自然天性,直诉之人心,而在实际具体的日常人生中使之自然透露"[⑥]。

人是自然存在和历史存在的,是相互渗透而浑然一体的,人的实践是当下的与个体性的,也同是文明创造的一部分,所以文化的基础还是人性。钱

[①] 钱穆. 如何探究人生真理[M]//人生十论. 桂林:广西师范大学出版社,2004:40.
[②] 钱穆. 湖上闲思录[M]. 北京:九州出版社,2012:100.
[③] 钱穆. 如何获得我们的自由[M]//人生十论. 桂林:广西师范大学出版社,2004:88.
[④] 钱穆. 中国文化的中心思想——性道合一论[M]//中华文化十二讲. 北京:九州出版社,2011:311.
[⑤] 钱穆. 中国历史上的传统教育[M]//国史新论. 北京:九州出版社,2012:215.
[⑥] 钱穆. 双溪独语[M]. 北京:九州出版社,2011:267.

穆反对史宾格勒的文化悲观论，认为这种悲观源于对人性的可能性的狭隘化，但是人可以不断探寻人性的义理可能，可以充实和变化，可以有人性智慧。钱穆也认为社会形态的具体形成受制于时间空间等因素，但这些因素的作用无法超越人的因素。所以中国义理强调个人生命意义的完成，正是在义理的共识之上形成民族文化，民族是人生与文化的发展，而人生价值和文化精神并不以民族为最先的根源，所以独立个体的道德意识力量非常重要，"中国这一套人生哲学，可以不需任何宗教信仰而当下有其无上的鼓励和满足"。[①]正是在道德追求的指引下，人会"日进其德，而圣而神，此乃人生之最高艺术"[②]。

5.2.2 "通学"揭示知识的人文性

中国传统学术思想是钱穆在进行中国文化研究时的一个重要着眼点。钱穆先后撰著和编集了《中国学术通义》《现代中国学术论衡》和《中国学术思想史论丛》等重要著述，认为学术和文化一样有民族独特性：学术的独特性与文化的独特性密切相关，不可分割，"文化异，斯学术亦异"。[③]学术是文化的上层，也是文化的领导力量，"欲考较一国家一民族之文化，上层首当注意其学术，下层则当注意其风俗。学术为文化导先路，苟非有学术领导，则文化将无向往"，[④]学术与文化的正向联系就在于做学问是锻炼人格的途径，"当知最可训练我们做人者，即在刻实做学问"，[⑤]而学问成绩是对文化的传递和发展，所谓"复兴文化，首当复兴学术。而新学术则仍当从旧学

[①] 钱穆. 中国文化与中国人[M]//中国历史精神. 北京：九州出版社，2011：178.
[②] 钱穆. 晚学盲言（下）[M]. 桂林：广西师范大学出版社，2004：472-473.
[③] 钱穆. 现代中国学术论衡[M]. 北京：九州出版社，2011：序，1.
[④] 钱穆. 中国学术通义[M]. 北京：九州出版社，2011：序，1.
[⑤] 钱穆. 学问与德性[M]//中国学术通义. 北京：九州出版社，2012：318

中国文化教育视野下的通识教育——论钱穆"通学"教育思想

术中翻新复兴。此始为中国学术文化将来光明一坦途"①。

"学问"在钱穆看来，可看作是一种行为，是如何学，也可以看作是治学成果，比如各种成系统的学问领域。钱穆明确表达过"通学难企"，却以"通学"来定位中国学术特性，"一国家一民族之学术传统，必有其特性，中国尚通学"，②就有两个问题，第一，通学境界的现实体现是什么？第二，提倡追求这一难以到达的治学境界，对于做学问之人有何帮助呢？对于第一个问题其实是关于"通学"的知识内容。对于第二个问题是关于趋向通学的方法。通学内容的人本性引导推动学人能进得学问，也能出得学问，不仅是能见前辈学者的人格，也能完成自己的人格。

中国传统学问看重"由学人来做学问"，这样的学问或是以"人为学问系统中心"，"学问用意在学如何做一人，如何做一有理想有价值的人"，或是"以事业为中心的事统，即学以致用"，从事业见其学问与人生之大体，学问则只是一工具，其本身不成一目标，做学问主要在求完成自己所具之德。③这说明中国传统学术对学问是有分类，但是以"人"为中心的分类，不如西方把学问当作一个客观存在，为了探究大方便而划分范围。钱穆认为这种把学问当作客观存在的做法有两个弊端，"一则各自分道扬镳，把实际人生勉强地划开了。如研究经济的可不问政治，研究文学的可不问历史等。第二，各别的研寻，尽量推衍引申，在各自的系统上好像言之成理、持之有故，但到底则每一项学问，其本身之系统愈完密，其脱离人生现实亦将愈显著"。④这对学习之人的误导就发生在当学问的天地与人生渐渐不相干，会遮蔽人的天地，"人的天地反而包围在学问之天地中，而且藐乎小哉。若一人从事学问，他只可从一门走进，……依此项学问之道路前进，愈远愈见其渺茫，愈深愈感到不可测与无终极。……无法得其止境，结果学问转成了中

---

① 钱穆. 中国学术通义[M]. 北京：九州出版社，2012：序，3，7.
② 钱穆. 中国学术特性[M]//中国学术通义. 北京：九州出版社，2012：186.
③ 钱穆. 有关学问之系统[M]//中国学术通义（新校本）. 北京：九州出版社，2012：225，226，228.
④ 钱穆. 有关学问之系统[M]//中国学术通义（新校本）. 北京：九州出版社，2012：238，240.

第五章　从教育实践到教育哲思的升华："通"指向人的文化创造

心，学问为主，而人为附，人像是跟随在学问之后。"①

如何让学问的天地充实人的天地？首先，以做学问磨炼德性。学问本来是源于人的德性，学问就是源于人对自然天地人群产生的问题，"人类开始，殆可谓毫无知识……莫非是一堆问题而已"。解决这些问题就有了学问，解决问题的过程，也是锻炼性情的过程。"自然科学研究需要忘我之精神，步步踏实耐心等待，……还要能服善，有牺牲精神，……只为求真理，祛除个人一切利害得失观念"，所以科学背后仍是有此人，有人的兴趣、毅力和对于真理的执着追求；社会科学不仅要求踏实耐心等品格，还要求能怀着为生民立命的心，而把自身抽离，既有"忠孝仁义"，又能"忘我无我"。

其次，以学问培养智慧。智慧是浑然一体的。以学问培养智慧，首先是掌握一套学问之内的一以贯之的精神。钱穆以"孔门四科"来说明何为"一以贯之"的学问之道。"为弟子时之孝弟谨信爱亲，乃学之始，此即德行之科。及其长，求有用于时，即迈入言语，政事之科。凡此三科，前必有因，后必有变。人道必通于古今，而始有历史文化可言。此则必有典籍记载。好古敏求，此即为文学之科。德性，言语，政事，文学，此四科，其道终始一贯。"②另外，学问之道的表现还在于学问与时代的关系。钱穆认为学问与时务，"其事可相通而不必尽相合"，"然学术与时代脱节，事不终美，作高深学术探讨者，皆不能有领导思想之力量。……即乏一种高瞻远瞩总览并包的识度与气魄，为之发踪指示。其窄而深所得，往往与世事渺不相关。即在承平之世，已难免玩物丧志之议。何论在时局艰难……而学术界不能有所贡献。纵谓其心可安，而对世情之期望与责难无以自解"。③钱穆也认为时代气息一定会在学术思想上有表现。钱穆非常重视对时代风貌的整体掌握，会从基于对时代的了解来推断古籍的年代。钱穆就从王通所处时代的特点，来判断《中说》的确为王通所写。④把握时代特征也要把握思想流变，钱穆又以王夫之在清初还不甚有名，其对理学空疏的批评与黄宗羲和颜元等人的想

---

① 钱穆. 学问与德性[M]//中国学术通义（新校本）. 北京：九州出版社，2012：305.
② 钱穆. 中国学术特性[M]//中国学术通义. 北京：九州出版社，2011：186-189.
③ 钱穆. 学术与心术[M]//学籥. 北京：九州出版社，2011：150
④ 钱穆. 读王通中说[M]//中国学术思想史论丛四. 北京：九州出版社，2011：1.

中国文化教育视野下的通识教育——论钱穆"通学"教育思想

法接近为例,来说明"风气转动,亦有不知其然而然者存间,故得闭门造车,出门合辙,有如是之巧"。[①]学术思想的流变也正是反映时代精神变化的门窗,"学术思想,公意也。……断不能绝无所承,亦不能绝无所化"。[②]

如何以学问来磨炼德性培养智慧呢?读书。如何读书?第一,会信;第二,会疑;第三,要心精。钱穆认为读书首先要入门,既是要信其前辈,"由其门户,沿其蹊径,如何思入,如何转出",再转入别家思想,"不以前者害后者,谓之博学好问,广收并蓄",然而,前后两者之不同,如何再信,"故疑问必起于信,起于两信而不能决。"[③]这一个过程就是反复精心读书的过程,"心精便是只有此一心。心精了,书自熟。……看来看去,自然晓得"。[④]自然晓得什么?义理。"义理教我们德行,辞章培养我们情感,考据增进我们之知识。须德行、情感、知识三方皆备,才得称为一成人。"[⑤]

义理如何晓得?还是从辞章考据开始。钱穆在《论语新解》中,就兼顾解决"字词""章句"和"求其精神"的三方面。就文学作品而已,也强调体会作者心意心境和世代风气,"文章本乎意境,意境随乎时事",[⑥]对于史料记载,也提倡"平心"揭示起底蕴,[⑦]思考"今问当时之人所重于此者究何?后代人所怀念于此者由何在?"[⑧]探索义理的过程也是治学深度逐渐加深的过程。

钱穆将治学分成专门、博通、更高层次的专门、成家而化四个次第。

---

① 张元. 微窥浴深心——钱穆先生思考历史问题的一种方法[C]//钱穆思想学术研讨会论文集. 台北:东吴大学钱穆故居管理处,2005:205-230.
② 钱穆. 论太极图说与先天图说之传授[M]//中国学术思想史论丛五. 北京:九州出版社,2011:83.
③ 钱穆. 学术与心术[M]//学籥. 北京:九州出版社,2011:153-154.
④ 钱穆. 朱子新学案 三辑[M]. 北京:九州出版社,2011:646.
⑤ 钱穆. 史学导言[M]//中国史学发微. 北京:九州出版社,2011:50.
⑥ 钱穆. 读文选[M]//中国学术思想史论丛三. 北京:九州出版社,2011:105.
⑦ 徐兴海.《论语新解》对于《论语》学习的意义[C]//钱穆思想学术研讨会论文集. 台北:东吴大学钱穆故居管理处,2005:151-204.
⑧ 张元. 微窥浴深心——钱穆先生思考历史问题的一种方法[C]//钱穆思想学术研讨会论文集. 台北:东吴大学钱穆故居管理处,2005:205-230.

第五章　从教育实践到教育哲思的升华："通"指向人的文化创造

由专门之学的入门可以是专读一位学者的一本书，继而再读这位学者的多本书，再读与此学者相关的学派作品，"如专治了杜甫，再转治李白；专治了韩愈，再转治柳宗元，此皆为博通。更进而专治了诗文，又转治经或史，又兼治诸子，此亦为博通。专门与博通不可截然分开"，在专门已经蕴含着博通。反过来，"博通仍自专门之学来，并非离开了专门，别有所谓博通。"[①] "博"并不即是"通"，"必博而有统类而能归于约之谓通"。此处所谓"约"也并不即是"专"，钱穆认为，"约"必以"博"为本，如满地散钱，以一贯串之。[②] 有了建基于博通之上的专门，"得其性之所近"，各有专长。学问到此皆已成"体"。既专门，而又博通，循此渐进，可达"化"境。所谓"化"境，即将其所学化入他一家当中，而这个过程必需有为学之人由时代关怀而生发的治学志向的催化，"凡做学问，则必然当能通到身世，尤贵能再从身世又通到学问。古人谓之'身世'，今人谓之'时代'。凡成一家言者，其学问无不备具时代性，无不能将其身世融入学问中"。[③] 钱穆认为只有依靠人的个性和主动，开展对于价值意义等"属于人的问题"的探索，"人之求学问，志不同。建立自己的志，从志去学"，[④] 才能成就具有文化价值的学问。

5.2.3 "通人为通学"揭示教育的人文价值

"教育本是一种精神事业，上承往世，下启后代，不仅青年们的前途，操在教师手上，大而言之，文化传统，民族命运，亦胥赖教育界之维系于光宣"，[⑤] 钱穆写过五篇关于师道的论文，可见对于师道的弘扬钱穆是执着肯定

[①] 钱穆. 学问之入与出[M]//学籥. 北京：九州出版社，2011：181.
[②] 钱穆. 改革中等教育议[M]//文化与教育. 北京：九州出版社，2011：251.
[③] 钱穆. 学问之入与出[M]//学籥. 北京：九州出版社，2011：183.
[④] 钱穆. 中国文化与人文修养[M]//历史与文化论丛. 北京：九州出版社，2011：349.
[⑤] 钱穆. 中国传统文化与中国之师道[M]//文化与教育. 北京：九州出版社，2012：288.

的。在钱穆的思想中,"师道"是师与道两者的结合体。师以传道,从最切近处讲,只在传此"为人之道",只在教人如何好好地做一人。因此,"无天、地、君、亲,人不会出生。无师,人不会完成。'尊师重道',乃中国传统文化中一特有精神。而中国社会,亦以师道为中心而维系。"①钱穆推崇孔子不是仅仅要膜拜孔子之人,而是推崇由孔子奠定的中国师道大体,"做学问必求能落实到学者个人方面来",而老师则是"循循然善诱人",是依着层次、步骤、浅深、曲折来教人。更进一步,是中国师道内在的源自学人的追求人生大道的自由精神。

钱穆对中国师道的阐述是通过比较中国历史上官办教育与私学教育展开的,认为私家讲学所形成的教育风气是真正推动中国人文大道的延续的力量。在钱穆看来,自有孔子,中国教育内容遂超出于政治事业之上之外,"孔子在中国教育史上,实亦可称为开辟天地旋乾转坤一伟人。因以前教育,都限制在政治圈中。以后教育,乃脱离政治圈转入社会而自为发展"。"私则可以修身齐家,公则可治国平天下"这一番做学问大道理是从孔子开始,"孔子自身通六艺,其弟子除娴习当时例行的六艺外,或通政事,或擅理财,或长于军旅,或娴熟外交。孔子乃在种种政治界实用艺能之上,发挥出大道理","由于孔子当时传教,实没有一学校,后人称之为开门授徒私家讲学,其像样的创始,实始于孔子"。②在钱穆看来,从孔子到秦统一,这一阶段的中国教育,是"虽无教育制度,但有教育精神,其时乃是社会私家教育时代,亦可称为乃一种纯粹的社会教育或平民教育"。

官办教育和私学教育的互动在西汉继续,"汉武帝设五经博士,建太学。恢复了西周官立教育之旧传统。但已非贵族教育,仍是平民教育,只由政府特立学校来推行。西汉教育制度之重要性,乃以育才与选贤双轨并进。"③由于汉代太学出身和参选官职紧密挂钩,所以太学教育逐渐成为利禄之途。在这种局面下,私学兴起,"民间所授,以其非为当时所通行,乃称为古文经

---

① 钱穆. 中国传统文化与中国之师道[M]//文化与教育. 北京:九州出版社,2012:282.
② 钱穆. 中国教育制度与教育思想[M]//国史新论. 北京:九州出版社,2012:231.
③ 钱穆. 中国教育制度与教育思想[M]//国史新论. 北京:九州出版社,2012:237-238.

第五章　从教育实践到教育哲思的升华："通"指向人的文化创造

学。古文经学无家法，可兼通，可博采。此亦都在东汉之世，私学乃又代官学而掘起"。钱穆推举郑玄为这一时期师道的代表者，郑玄是一位通学大儒，"玄之为学，不专治一经，更不一专师一家，能囊括汇通，成一大结集。……惟郑玄最晚出，而使经学传统不坠重光。其功绩实为两汉经生四百年来所未有"，也是一位教授众多弟子的老师，深得尊重，"玄不仕在乡，弟子自远方至者数千。曾途遇黄巾数万人，见者皆拜。并相约不敢入县境。孔融、袁绍亦对玄备致敬礼"。

钱穆通过描述宋代私学教育的兴盛，表达了理想中私家办学与官办学校之间的互动关系。这种良性互动源于两点，第一，社会私家教育家本身都是成于通学，"胡瑗、范仲淹、欧阳修等人都是在经史文等方面都有兼涉，又其学必为政事所通，有体有用，不纯为政治家，也不纯为学者，为学途径相异，但都志于德行"。第二，对于如何培养人才有独到看法和办法，并能积极影响官办教育，"以胡瑗在苏州湖州书院讲学为尤著。……朝廷诏下苏湖取其法为太学制度，并召瑗为教授。宋代之国立太学，乃采用社会下层教育成轨，此亦难得"，"书院乃得美誉，学者竞集。一时闻风继起，州县皆兴学的"。但这种良性互动没有延续很久，由于师资不能保证，"因良师不常有，未可必得。若为师者非其人，则学者裹足不至。即有至者，学校风声亦不佳。故每宁缺毋滥，空有建筑，不成学校，地方教育终于时兴时辍"。[①]

对于中国历史上的官办教育的问题，钱穆认为其中之一是学校教育受选举考试的约束。不仅在两汉时期有这个问题，唐代也难免存在这个问题，"唐初太宗时，高丽、百济、新罗、高昌、吐蕃，都派留学生来中国，太学生多至八千余人。又有书、算、律各门专科，学制似较汉代更为进步"，可是唐代国家公立教育并未有大振作，陷入"仅有考试取才，而无学校养才的境地。因为唐代考试重诗赋，进士多尚诗赋，不免实学渐衰，流于轻薄"。到明代兴办公立教育之时，"一时名儒为国立大学校长者，项背相望。昼则与学员会馔同堂，夜则灯火彻旦。不乏成材之士出于其间"，但还是没有避免学校教育被考试标准所限制的问题，"学校选举两途并重。学校在造贤，选

---

① 钱穆. 中国教育制度与教育思想[M]//国史新论. 北京：九州出版社，2012：247-248.

中国文化教育视野下的通识教育——论钱穆"通学"教育思想

举在拔贤,而学校与选举之两者,均不免要以考试为标准。考试制度之在中国,递有变迁,而终于不胜其流弊。唐代以诗赋取士,其弊已如上述。明代以经义取士,其变为八股,流弊更甚。"①

钱穆关于中国教育史上官办教育和社会私学的兴衰更替局面的分析,本质上是解释教育事业的兴盛在"教在师道","师道所贵,主要在为师者之人格与学问。振衰起弊,承先启后,其能发挥绝大功能者,则多在师不在学校。"②比如他高度肯定清末社会危机加重之时,"一批知识分子再兴书院讲学,如朱次琦为广州学海堂都讲,复讲学礼山,康有为曾从学。章炳麟在杭州诂经精舍从学于俞越,吴稚晖亦是南菁书院之学生"。③更进一步说,钱穆是在以讲中国教育历史上的教育展演,来突出中国知识分子对人文精神的执着追求,"中国知识分子,并非自古迄今,一成不变。但有一共同特点,厥为其始终以'人文精神'为指导之核心"。④钱穆思考中的人文主义,源于中国学术传统,"故中国学术之主要出发点,乃是一种'人本位'主义,亦可以说是一种'人文主义'。其主要精神,乃在面对人群社会中一切人事问题之各项实际措施。……故在中国学术史上,亦可谓并无纯粹之思想家或哲学家。因中国人思想之对象即在实际人事问题上,必须将此思想从实际措施中求证验",⑤而钱穆对这份人文主义的最大践行就是创办新亚书院。钱穆对师道的重视,与其对中国文化复兴的理想有关。教师,不是以贩卖知识为职业,而是承担着建设新风气的重要责任。钱穆推崇"私学",认为"中国儒家此一种教育理想与教育精神,既不全在知识传授与职业训练上,更不注重在服从法令追随风气之上,其所重者,乃在担任教育工作之师道上,乃在担任师道之人格上","但一般最重视者,乃在私学讲学,两汉、宋元明书院主要精神重在人与人间之传道",⑥这也可以说明钱穆办新亚书院的宗旨,更进

---

① 钱穆. 中国教育制度与教育思想[M]//国史新论. 北京:九州出版社,2012:251.
② 钱穆. 中国教育制度与教育思想[M]//国史新论. 北京:九州出版社,2012:239-240.
③ 钱穆. 中国教育制度与教育思想[M]//国史新论. 北京:九州出版社,2012:252.
④ 钱穆. 中国智识分子[M]//国史新论. 北京:九州出版社,2012:136.
⑤ 钱穆. 如何研究学术史[M]//中国历史研究法. 北京:九州出版社,2012:70-71.
⑥ 钱穆. 中国历史上的传统教育[M]//国史新论. 北京:九州出版社,2012:217.

第五章 从教育实践到教育哲思的升华："通"指向人的文化创造

一步，也表达了钱穆对于能够推动文化发展的教育的理想形态的设想。

第六章 结论：探索中国现代教育的文化性格

中国教育是否需要自己独特的文化性格？在回答这个问题之前，需要先了解什么是独特。"独特"不是抱守中国文化，拒绝与其他多样的文化对话。"独特"是以中国文化的包容性来会通传统与潮流，而开出一条新道路。正是因为中国文化源远流长，其意义不是成为教科书里的厚厚记载，而是直到今天还在引导我们中国人的生活。不管是百年前面临民族危机之时，还是今天急速变化的现代社会，中国人对于如何生活，依旧是以中国独有的文化为指导。中国教育需要传承中国文化智慧来帮助中国社会的人更好地生活。

同时，对于教育事业本身的发展来说，中国需要一个大纲领引导解决各种教育问题。当下中国社会发展的不平衡，直接导致教育发展的不平衡，也带来不同地区教育问题的极大差异化。比如，对于贫苦农村来的小孩来说，如何能不饿着肚子去上学是一个问题，对于大城市的学生来说，如何选择更利于个人前途的教育资源是一个问题，等等。如果不是从育人根本宗旨上来认识这些问题的本质，就会出现不得要领地投入巨大资源而效果甚微的局面。必须形成关于教育目的的根本共识，只有在共识之下，才能使中国的每

第六章 结论：探索中国现代教育的文化性格

一个孩子即使在不同的生活环境中，也都能获得成长的机会。钱穆在1951年说，"中国人……打倒历史，打倒文化，打倒一切传统，教育的大纲领、大精神，永远没能提出来"，这句话在现在依然具有启示意义。自己一生读书，一生教书，不仅用尽全力为中国文化精神所提倡的人文道德精神发声，也在努力地通过教书育人的方式，使这份精神真正获得活力，不仅为中国，也为人类社会的和平幸福贡献力量。钱穆从对人的深刻理解出发，展现了人的生命的高远性，其努力通过教育来帮助人达到与历史大群相融通的通透境界，充实人的精神生活之中，力图将教育本质与人的本质联系起来，将教育前景与文化发展前景联系起来的诸多思考，都汇聚在一个"通"字之上。"通"作为中国现代教育文化性格的关键词，对于今天中国教育的发展有什么启发呢？

6.1 人文精神是中国教育文化性格的核心

钱穆一生都在探索中国文化的特点，试图建立中国文化对于现代社会的价值。钱穆不反对研究中国历史文化需要看功能性的制度，在1939年写成的《国史大纲》引论中就表明以三条线索来描述中国社会历史，"首则曰政治制度，次则曰学术思想，又次则曰社会经济。此三者'社会经济'为其最下层之基础，'政治制度'为其最上层之结顶，而'学术思想'则为中层之干柱"。[①]但也如此言所论，钱穆在文化研究中强调学术精神。[②]

1983年，钱穆在《中国文化演进之三大阶程及其未来之演进》一文中，从中国文化自身的特性出发，把握中国文化的核心精神，确定了中国文化的

[①] 钱穆. 国史大纲[M]. 北京：商务印书馆，1990：引论9.
[②] 戴景贤. 钱宾四先生与现代中国学术[M]. 上海：东方出版社，2016：23.

根本性质在于道德和相应的道统制度方面，指明中国文化不是以经济为核心的文化，中国传统社会不是以追求经济的富裕为目标来安排日常生活的社会。钱穆认为文化与历史、社会是一体的，文化的阶程，是历史的阶程，也是社会的阶程，社会和历史的阶程也就是社会形态的进程，此时钱穆上升到以中国文化的精神，即"道"的观念，看待中国文化史，用"道"与"政"关系，阐释中国文化史的演变，找到贯通中国文化和中国社会发展历程的内在规律。

1990年在《中国文化对人类未来可有的贡献》一文中，钱穆更是用"天人合一"观，诠释了中国文化的人文特质，中国人是把天与人和合起来看，离开人生，就无从来讲天道，离开天道，也就无从讲人生，所以中国古人认为一切人文演进都顺从天道来。"天命，人生，和合为一，这一观念，中国古人早有认识，我以为天人合一观是中国古代文化最古老最有贡献的一种主张"。钱穆以"和合性"，解释中国文化的对宇宙的认识，是以"天道"与"人情"的"相通"解释人的人文意义，因此由"通"到"和"的人文生成，是钱穆对于中国文化的本质认定，是超越于具体时空和实践性政治的哲学思辨。"中国人常抱着一个天人合一的大理想，觉得外面一切异样的、新鲜的所见所值，都可融会协调，和凝为一，这是中国文化精神最主要的一个特性"。[①]文化的"和合性"也赋予中国教育在历史演进中形成的培养"通人为通学"的传统，而中国教育"尚通"的品质也使中国现代教育充满现代人文关怀的气质。

6.1.1 "通"：中国教育人文传统的优秀特点

中国教育不是不重视专业，历法、刑律、医药都是中国传统教育的教育内容。比如宋代教育家胡瑗在书院教学中经义、治事两斋，经义学习关注人

---

① 钱穆. 中国文化史导论[M]. 北京：商务印书馆，1994：162.

第六章 结论：探索中国现代教育的文化性格

生大道，治事学习是从个人才性出发，学习具体专业事务，比如治水、天文、军事，等等。但中国教育传统希望在专业之外，再有培养个体具有人人相通的通德。这里的通，强调的不是知识技能的全面，而是与高尚的道德品格相通，是人人都应该有的，是通常的。人与人、人与人群社会以及自然的相通处，是品格，所以中国讲究"通"，不是讲究一时一地，而是不为时间地域的限制。因此，中国传统教育赋予"学"以四个内在层次，"游于艺，依以仁，据以德，志于道"。"游于艺"，是以实用之学为载体；"依以仁"，必在学习过程中关怀人伦关系；"据以德"，是学问行为必作用于个体的德性之上；志于道，是不断的学习思考中，在"博学"中找到学问对于人生大道的启示。这四个层次是从技艺开始，经历学习中的主体互动和个体自反，从学问的扩大与会通中，实现个体和社会历史生命的共鸣。所以，对于学问，中国人也讲"格物"，但"格物"之外还有"贯通"，"即凡天下物，莫不因其已知之理而益穷之，以求至乎其极。一旦豁然贯通"，[1]贯通之境界是在整体学问之中成就个体的学问，在整体人群之中成就个体的人性。

学问之"真"，最重要的在其对于人性的关怀。中国学术传统讲求在"人文"层面的答疑解惑，也要求学者以心性修养加入人群实践中。所以，"欲研究中国学术史首须注意心性修养与人群实践，须从学者本身之实际人生来了解其学术"，这也说明中国学术传统对学者的要求是无论在事功层面上有何表现，都需要以学者的人格德性做最根本评价标准，"此等评判标准即是中国学术大传统之重要精神"。[2]

认识活动，离不开心灵维度。用情感和仁慈心，才能发现心灵世界，才能发现人的世界。面对太多的"知识"，在讨论如何"会通"这些知识之前，培养对于会通治学的兴趣是第一位的，这份兴趣就是源于对人类社会的爱敬心和仁慈心。我们可以看到，钱穆对于教育实践的思考一直重视对学生的情感培养，根本上，其在各个阶段提倡的教育方案，都关注如何培养学生对社会国家的情感，鼓励学生以内在的对世界和他人的关怀之心，去领略人类文

---

[1] 钱穆. 中国学术特性[M]//中国学术通义. 北京：九州出版社，2012：212.
[2] 钱穆. 如何研究学术史[M]//中国历史研究法. 北京：九州出版社，2012：77，79.

化的丰富性和多样性,并且深刻认识每一个分支或专业文化在整个人类文化中的地位,以及各个分支或专业文化之间的相互关系,进而培养"情感潜深,意志超拔,趣味丰博,心胸豁朗"的"通人"。

教育关涉人的价值世界,正如卢梭所说"我的目的不是交给他各种各样的知识,而是教他怎样在需要的时候获得知识,是教他准确地估计知识的价值,是教他爱真理胜于一切"。①所以教育不是知识的堆积,教育帮助人自己选择决定成为什么样的人。"谁要是把自己单纯地局限于学习和认知上,即便他的学习能力非常强,那他的灵魂也是匮乏而不健全的。如果人要想从感性生活转入精神生活,那他就必须学习和获知,但就爱智慧和寻找精神之根而言,所有的学习和知识对他来说却是次要的"。②我们并不能从关于物质的科学的逻辑分析中得到关于人文价值的结论。我们需要面对种种科学知识,而主动提出人文问题,这些问题必须作为科学的基础和目标引导着科学的发展。缺少了这些东西,科学就将变得空洞而无意义。因此,我们的教育更应该培养学生们的人文意识,不断地以对人的关怀来审视和推动科学的发展。正是在这个意义上,中国传统讲求的"尽物性"与"正德性",有"利用"而养"厚生",具有重要的现代价值。

6.1.2 "通":中国教育对现代主体价值的回应

"教育活动关注的是,人的潜力如何最大限度地调动起来并加以实现"。③之所以称为人的潜能,是我们并不知道人的能力到底有哪些,那么,实现人的潜能对于人的价值何在?根本上回应人的主体性意义,也只有在主

---

① [法]卢梭. 爱弥儿[M]. 李平沤,译. 北京:商务印书馆,1996:283.
② [德]卡尔·雅斯贝尔斯. 什么是教育[M]. 邹进,译. 北京:生活·读书·新知三联书店,1991:3,4.
③ [德]卡尔·雅斯贝尔斯. 什么是教育[M]. 邹进,译. 北京:生活·读书·新知三联书店,1991:3,4.

第六章　结论：探索中国现代教育的文化性格

体人格的完满之上，才用平等和尊严。对于主体性的内涵有很多解释，本研究认为"通人为通学"提示了一个重要的人的主体性的维度，即人的文化创造力和参与文化创造的平等性。

对于人的主体性的认识，是中国教育事业在近现代转型中持续的一个热点。五四运动时期，新文化知识分子极力主张引进西方的科学民主精神，改造国民性，培养具有现代意义的个性、独立人格，[①]号召青年摆脱纲常名教，做新青年，做具有科学精神、独立精神品格的人，坚持个人的权利，呼唤新道德，认为"自我就是一切，一切都是自我"，"以发挥个性，为至高之道德"，[②]整个五四文化教育的标志就是个体的人的诞生。正如郁达夫所言："五四运动的最大成功，第一要算'个人'的发现。从前的人，是为君而存在，为道而存在，现在的人才晓得为自我而存在了。"[③]

然而，"个体"在新中国成立之后的很长一段时间都是模糊甚至是被贬低的。直到20世纪80年代，主体、主体性这些概念开始在中国教育界生根发芽。研究者开始认为教育必须重视培养学生的主体性，使他们成为有进取意识和创新精神的社会主体，并认为弘扬学生的主体性是当代教育学的主题，是正确做出教育价值取向、提高教育质量与人的素质的关键。[④]一些中小学在教育理论工作者的指导下，将主体性教育思想提炼成理论假说并付诸实践，开始了主体性教育的实验探索，主体性教育思想逐步从抽象走向具体，从理论走向实际。[⑤]在20世纪90年代末，"主体间性"成为一个新的理解主体

[①] 郑航．"五四"时期的文化革新与近代德育观念的转变[J]．华南师范大学学报（社会科学版），2001（2）：107-112；穆允军．从五四新文化运动看中国文化启蒙的特殊性[J]．山东社会科学，2012（12）：10-16；刘朋朋．"我"与"我们"：鲁迅个人主义命运考论[D]．济南：山东大学，2013．

[②] 赵凌河．新文学现代主义思想理论解读[C]//辽宁省哲学社会科学首届学术年会获奖成果．2007：139-145．

[③] 杨天平，黄宝春．"五四"前期"新青年"反复古主义的教育方针思想[J]．浙江师范大学学报（社会科学版），2010，35（6）：88-92．

[④] 安平．"教育与人"研讨会综述[J]．教育研究与实验，1989（3）：17-19．

[⑤] 北京师范大学教育系、河南安阳人民大道小学联合实验组．小学生主体性发展实验与指标体系的建立测评研究[J]．教育研究，1994（12）：53-59．

性的维度，而哈贝马斯的交往行动理论成为重要的理论资源。哈贝马斯是在质疑理性主义关于"抽象的主体"的基础上，依据语言哲学中关于人的语言交往行为，提出"主体间性"或者说是"交互主体性"。在哈贝马斯交往行为理论的启发下，教育学者衍生出教育性的交往模式，重点在发扬主体性教育的同时，加强语言等媒介的中介作用，在充分葆有个体主体性的自主性、主观能动性、创造性的前提下，去克服交往中"我是目的，他人即手段"的人际困境，指向主体与主体间的共存以及对个体主体性的超越和升华。

　　教育学界期待"交往行为"关怀的不仅是"孤独的主体"，也是教育活动本身的活力源泉。"高度程序化的现代性极其危险之处就在于用非惩罚性的方式去对人进行重新生产，把人标准化，使人成为产品，从而剥夺创造权而阻滞自由真正成为现实"。[①]所以席勒指出："只要一方面由于经验的扩大和思维更确定，因而必须更加精确地区分各种科学，另一方面由于国家这架钟更为错综复杂，因而必须更加严格地划分各种等级和职业，人的天性的内在联系就要撕裂开来，一种破坏性的纷争就要分裂本来处于和谐状态的人的各种力量。……人永远被束缚在整体的一个孤零零的小碎片上，人自己也只好把自己造成一个碎片。他耳朵听到的永远只是他推动那个齿轮发出的单调乏味的嘈杂声，他永远不能发展他本质的和谐"。[②]教育陷入的这种工具化的危险，导致教育活动的内在价值越来越单薄。

　　教育界对于交往行为的强调主要落在在语言共同体中通过对话形成的相互理解的关系。主体与主体之间相互作用、相互影响：主体与主体之间走出了"我—它"的世界，而迈进了"我—你"的对话世界。在主体间性中各方主体谁也不把对方看作是工具或手段，而是看作与自己一样平等的主体。处于关系之中的各方都是具有独立人格的人，是主体特征的充分展现者。[③]主体与主体之间是一种相互理解、相互融通的关系，双方在理解的基础上达成一定的共识。有学者指出对主体间性的理解，核心涉及"交往双方的人格平

---

① [德]胡塞尔. 欧洲科学危机和超验现象学[M]. 上海：上海译文出版社，1999：9.
② [德]席勒. 审美教育书简[M]. 张玉龙，译. 南京：译林出版社，2012：29-30.
③ 鲁洁. 关系中的人：当代道德教育的一种人学探寻[J]. 教育研究，2002（1）：3-9.

第六章 结论：探索中国现代教育的文化性格

等和机会均等，在交往中反对任何一方对另一方的强制和压迫"。[1]但是语言使用背后的"话语权"容易扭曲语言交往行为，所以哈贝马斯在交往行为理论之后开始关注社会法律本身的合法性。

不同于西方语言哲学家把人与人的交往落实在语言使用之上，钱穆把人与人的相通性落在生命的情感之上，更能推动我们对于教育活动的独特性的认识。生命的情感依靠什么来培养？对于教育活动来说，学习是一个重要的途径，而"通学"，作为一种治学风格和境界，意在帮助个体在格物求知的过程中以人生大道会通各门学问。求"通学"的意义在于找到人心共同点。钱穆认为，"要之今日人类所相通，则亦惟财货是赖。启示即专就财货言，各业专门所制造，亦同赖有一共通市场。失去了共通市场，则各项专门何从存在。今日西方各项专家之学，其实亦只成立存在于此共通市场，即为今日人类大群潜移默化之主宰所在，亦惟在此工商市场而已"，人类社会和人类命运也就落于"财货"之手，但"人类之真主宰，可否从人类本身内部即人心方面，另觅一合情理可信之主宰，而此主宰及可潜移默运以绵延至无穷，此则正待人类之学问寻求，而此项学问，则势必由通人为通学，乃可得之"。[2]在通学的格局中，"各项专门知识必从通学中流出"，治专门学问的专业之人，也是一"通人"，终能改变"人由业分，不由道合"的局面。[3]学问之能通，在于其与人性的有机联系，"中国人因与人文传统中各项学术距离距共通人性本源有层次之不同，而分别其阶级。孔门四科，一曰德行，二与三曰语言、政事，四曰文学。惟孔门之德性，必兼'学'与'行'，而相通合一以成"。[4]钱穆关于学问本质的解释，实质上是把知识与人的心灵联系起来，展现的是知识和生存之间的本质联系，这种本质联系的可能性在于认识知识的人是有独特内心世界和精神追求的、能够通会理智与情感的人。"若由纯知识的探讨，则'彼我''死生'自然成两体对立。加进了情感，则死生、彼我自然融会成一体。实则此一体，非有情感，则无可经验。而兼有了

---

[1] 王锐生. 社会哲学导论[M]. 北京：人民出版社，1994：155.
[2] 钱穆. 中国学术特性[M]//中国学术通义. 北京：九州出版社，2011，201-202.
[3] 钱穆. 中国学术特性[M]//中国学术通义. 北京：九州出版社，2011：202-203.
[4] 钱穆. 中国学术特性[M]//中国学术通义. 北京：九州出版社，2011：213.

情感，则自无主客之分了"。①这种无主客之分，是积极面对人生诸多对立面的化解，勇于面对人生就是珍视人类的以爱敬等情感为纽带的群体经验，是生命的经验。

文化是意义的源泉，文化为人类生活提供意义，这份意义把文化的生命和自然的生命区分开来。如果说心生命超越身生命，意味着人类心灵世界的拓展，这种拓展经由心生命相互间的同情共感，在人类文化大生命中得到安顿。教育，面对的是全人类的文化，是在特殊性的知识和经验中，找到共通性，是在以深厚的特殊性，建设人类生命中共享的最美好的价值和追求。

2011年，中国电影《钢的琴》揭示了人的文化创造力并不是天然地可以发展的。故事的起因是一对离婚的中年夫妇争夺年龄尚小的女儿的抚养权，女儿主动提出谁能买钢琴，就跟谁。父亲是一位钢厂的下岗工人，母亲的经济状况比较好。父亲为了获得女儿的抚养权，在经历了种种的滑稽、荒诞又悲伤的试图获得一架钢琴的失败尝试之后，决定召集以前的工友来造一架钢琴。于是，这些下岗的工人再一次回到工厂，开始为"父亲"的尊严来劳动。这里的劳动不是没有技术含量的劳动，而是认真地制作钢琴的劳动，是再一次应用到他们的专业技能的劳动，在这个过程中"身体"和文化追求高度融合，并且成功了。虽然钢琴本身是不是一个绝好的关于文化的象征，在这里无法深入讨论，但对于这一群下岗工人来说，钢琴就是一种文化符号，而他们是被排斥在这个文化符号代表的系统之外的，所以他们的做钢琴的执着，是想证明他们在文化创造上的平等。换句话说，如果人不能参与文化创造，那么人的完整性是无从谈起的。人是一个特殊的存在，这一特殊性就在于他是一个双重的生命体。人来自物，却又不是物，有着动物的生命体，但又不等于动物生命的本性。人的生命不满足于动物本能生活，他的生活是经过理解和筹划的有意义的生活。人是追求具有价值和意义的"生命"。生命不断追求更高层次的与文化大生命的会通，正是生命的超越意义所在。

---

① 钱穆. 经验与思维[M]//湖上闲思录. 北京：九州出版社，2012：85.

6.2 对建设中国教育文化性格的启发

伴随着中国社会对本土文化的重视，中国教育界对于传统文化的教育学意义的研究亟待发展。一方面有学者的严肃思考，2004年，顾明远教授推出《中国教育的文化基础》，即在探讨中国教育的文化之根，并希望中国教育理论与实践能对自己的文化之根保持反省与自觉，从而建立中国教育的现代传统，使中国教育走上返本开新，继往开来的文化发展轨迹。[1]顾教授强调文化在中国教育发展中的意义，其根本旨趣是将中国教育的文化之根放在现代化的语境中，使积极的文化因素能在教育现代化的进程里，变成真正有益的资源；[2]一方面有实践者的活跃尝试，现代化书院的开办，以及种类丰富的国学教育都在试图帮助学习者亲近中国古典人文精神。但越是面对热闹的现象，我们越应该冷静地辨析中国传统文化的精义与对于现代教育的价值，以及如何真正使中国文化精神滋养教育活动的内核，从而中国教育之于中国文化是"传神"，而不仅仅是"形似"。

6.2.1 文化自信是建设教育文化性格的前提

中国近代的内忧外患，促使中国人在探索国家前途的过程中，对本土文化进行了非常深入的反思。"中西文化孰得孰失"，不是属于钱穆一个人的问题，而是属于处在困顿危机中思考中国前途的所有中国人的难题。新文化运动时期的中西文化论战，把对中国文化的否定推向高峰。20世纪初的中国教

---

[1] 彭江. 教育之根与文化自觉——读顾明远先生《中国教育的文化基础》有感[J]. 中国教育学刊，2006（5）：12-14.
[2] 高益民. 顾明远教授文化观的若干辨析[J]. 比较教育研究，2008（9）：10-15.

育改革参考日本、德国和美国的经验比较多，这种广泛地吸收国外经验的根本原因是中国期待以新的教育来传递新的文化精神和具体的事务性知识，以培养更适应现代社会发展的人才。换句话说，中国文化已经不再是支持个体成长的重要资源了。中国社会对中国文化的自信不再坚定了。但是，钱穆一直是对中国文化有自信的，正是这份自信支持了其对于中国教育的思考和实践。钱穆对于中国文化精华的把握，不是为了把中国文化送上神坛，而是希望中国文化能为解决人类世界的文化问题做出贡献，"世界问题是人生问题，人生分两方面，物质人生、精神。民族形成偏在心灵一面，在人类精神心灵生活方面，惟一正道，乃求各自获得其个性之发展，每一人各有个性，每一民族亦然，在个性发展中，乃有其相互间之融通协调，此始为人类通向世界大同一条唯一的正道坦途"。

钱穆从哲学上反思文化学的本质，认为文化是人生大群的生活，进而提出民族、历史与文化为一体的文化生命论。钱穆从史实出发，强调中国文化在历史发展过程中出现各民族融合，各种外来文化与本土文化的融合的现象，以及中国社会治理的以道德领导政治的特色，这赋予中国人崇尚"和合"的性格特点，并从中国文化秉持的天人合一的宇宙观、追求完善人格的道德人生观和历史发展的人道观，提炼出中国文化的追求通达的人文精神。同时，钱穆不是虚妄的文化自大者。"若我们能将每一文化体系，分析而观，庶乎利病互见，得失并呈。而每一文化体系之本质及特征亦将显豁。"[1]

钱穆对中国文化的短缺有清醒认识，"中国安而不强，足而不富是缺点"。[2]与西方文化比较，中国文化不免"偏轻了经济价值，且距离科学太远，因而患有一种虚弱之征"。[3]钱穆没有回避中国社会的科学技术不发达的现实，但他不认为中国文化不能与科学相容，"科学是一种精神事件"，[4] "如所谓'尽物性'，如所谓'正德、利用、厚生'，此等观念，皆可与近代科学

---

[1] 钱穆. 中国文化本质及其特征[M]//民族与文化. 北京：九州出版社，2011：38.
[2] 钱穆. 人类文化之展望[M]//历史与文化丛谈. 北京：九州出版社，2011：9.
[3] 钱穆. 文化学大义[M]. 北京：九州出版社，2012：55.
[4] 钱穆. 中国文化与科学—[M]//世界局势与中国文化. 北京：九州出版社，2011：246.

第六章　结论：探索中国现代教育的文化性格

实用精神通。"①所以，中国并非没有科学智慧，亦非反科学。现代科学是崭新的一件事，科学在中国不生根是历史机遇，当从中国近代史中求解答。②中国民族的复兴离不开科学化、工业化，需要再发扬和提升中国文化的道德精神，"努力实现科学与道德之二途合一"，③这也是中国文化为世界解决"心灵问题"所做的贡献。

教育是关于人的培养，各国教育传统都有独特的人文内涵。路德维希评价德国文化是双重的，就如歌德文笔下的浮士德，"信仰上帝，又怀疑上帝，研究世界又解剖自己，脑子里永远充满问题，永远向上，回不到地面"，④这为德国教育学带来浓厚的人文气息。洪堡认为教育的根本目的是培养"有教养的人"，"有教养的人"是思想卓越、情感饱满、意志坚定、有着自由意志而能正义作为的人。⑤福禄培尔也把培养有普遍价值的人性作为教育的基础目标，"我们要把注意力放在真正的人性之上，即作为个别现象和作为这一种人性的神性的形成发展上，这样的话，真正被陶冶为人的每一个人也将被教育为适应公民生活和社会生活中任何各别要求和各别需要的人"。⑥这些思想反映在德国教学实践上，形成德国学校课程特别钟情于人文学课程，包括宗教、语言文学、历史和哲学。但是在面临社会经济发展对于职业人才的需要，凯兴斯泰纳表示职业课程的地位需要被突出，而他的国民学校课程的基础主要由职业课程构成。⑦美国教育传统的"实用主义"作为美国文化的一个特点，是行为态度，"这个态度不是去看最先的事物、原则、范畴和假

---

① 钱穆. 中国儒家思想对世界人类新文化所应有的贡献[M]//世界局势与中国文化. 北京：九州出版社，2012：183-184.
② 钱穆. 中国文化与科学—[M]//世界局势与中国文化. 北京：九州出版社，2011：245.
③ 钱穆. 中国文化与科学—[M]//世界局势与中国文化. 北京：九州出版社，2011：254.
④ [德]艾米尔·路德维希. 德国人——一个具有双重历史的国家[M]. 北京：生活·读书·新知三联书店，1991：序言，2.
⑤ 赵祥林. 外国教育家评传洪堡[M]. 上海：上海教育出版社，1992：14
⑥ [德]福禄培尔. 人的教育[M]. 孙祖复，译. 北京：人民教育出版社，1991：92.
⑦ [德]凯兴斯泰纳. 凯兴斯泰纳教育论著选[M]. 郑惠卿，译. 北京：人民教育出版社，2003：132.

定，而是去看最后的事物、收获、效果和事实"；[1]也为知识论提供基础，"如果观念……对于环境中的主动改造，或对于困苦和纷扰的排除是一种工具般的东西，他们的效能和价值就会系于这个工作的成功与否。如果成功了，就是可靠、健全、有效、好的、真的"。[2]这带来的是美国文化中对于个体培养是以鼓励个体独立地在多变的社会中经历磨炼，"只能靠自己寻求机会……任何人都必须时刻成为另一种人。为这种充满风险的转变作好准备，才能把自己磨炼成一个真正的美国人"。[3]重实用的文化，使美国教育时刻转变创造新的东西，使美国对于学生的未来发展充满尊重和期待，"儿童中心"就是表达对于儿童的未来不可预设，因此必须鼓励儿童自主探索，来完成个人的成长。但是实用主义的庸俗化也会导致知识、道德以至于人生的严肃性的消解，所以没有绝对文化权威下的包容多元文化也为美国教育提出挑战，即如何处理多元文化之间的关系。在中国教育现代发展的历程中，我们对于中国教育传统的深厚人文关怀有些疏远，因此还需要再多一些关于中国教育人文精神的思考。钱穆对中国早期现代教育偏于"模仿"的批评，是指没有以我们自有的人文精神来消化西方现代教育成果。在今天，对于中国教育独特性的发掘，也是为世界文化增加多元性，以提供更多启示的机会。

钱穆思想中的"通人"，是与自然相通，与他人相通，与人类历史相通的人，揭示了教育对象本身的特点。钱穆对于人心和人的生命的解读，告诉我们"人"对于外面世界和他人的兴趣是天生的，这种兴趣会引导人进入人群，会引导人去探索自然万物，这种人的生命本来的向往和能量一直在涌动，并且赋予学生独特的人格个性。学生在来到学校之前，就已经是一个"具体而微"的"全面的人"。学生的这份天然的全面性，是教育的起点。

钱穆以"通"来描述人的理性境界，在今天的理解看，即在表达对培养全面的人的设想。对于人的全面性的认识和提倡，古今学者多有深具启发性

---

[1] [美]威廉·詹姆士. 实用主义——一些旧思想方法的新名称[M]. 陈羽纶，孙瑞禾，译. 北京：商务印书馆，1979：31.

[2] [美]杜威. 哲学的改造[M]. 张颖，译. 西安：陕西人民出版社，2004：84.

[3] [美]丹尼尔·布尔斯廷. 美国人开拓历程[M]. 北京：生活·读书·新知三联书店，1993：223.

第六章 结论：探索中国现代教育的文化性格

的见解。在此，将简单比较钱穆与德国20世纪上半叶思想家雅斯贝尔斯。雅氏认为先前所有对人的理解都是对人的现成性的规定，例如人被描述为具有语言并且会思考的动物，人是能够在法律的指引下，采取行动聚落成镇的生命形式（政治动物）等等。这些定义都指出了某些有关人的真正特征，但是却遗漏了一项最重要的因素，"我们不能认为人只是反复在这几种特殊形式中出现的有限存有。要知道，人是一种随时在改变的存有：人无法保持现状，人在各种复杂的情况中必须不断地自我修正。人与动物不同，他并不是代代相传一成不变地保持原状的生命形式。他要突破他在开始的情况。他不断在新情况中获得再生。每一个人的新生并不仅局限于某种预定的道路，而且也是一个崭新的开始。"[1] 雅斯贝尔斯提出理性主义设计的错误之处在于把人看成是"现成性的存在"。但雅氏认为人是不可认知的，"任何想象出来的和任何看得见的人生形象都缺乏普遍的有效性。形象只是历史性的生存的一个方面，而不是生存本身。而且任何想象出来的关于完满人生形象，从思想上来说，都是残缺不全的，而且从现实来说，都是不能完满实现的。"[2] 人之所以为人的本质，在于人的无限开放性。

把钱穆对于中国文化和人生的解读，与雅氏的思想相比，可以看到，两者都承认人的生成性，自我超越性。但钱穆心目中的理想的人，是向往超越，又能回归本心，是能找到回来的路的人。在钱穆这里，人是面对"现成"的自然万物和社会人群，但这个"现成"不构成约束和规定，因为这些外在的现成也是有德性的，因为我之己心的德性能与之相通，所以我不被约束，反而是对于心心相融充满喜悦。教育是师生生命历程中的一段重要经历，是人生中充满生命活力意义的重要构成部分，是生命价值不断显现的生动活跃的生活过程。教育是师生共同的一段生命经历，在生命中共同享有的一段情感与理智的体验。如果仅从工具或"物"的视野看待人的生命，必然导致教育中的工具主义，扼杀学生在生活中的每一美好时

---

[1] [德]雅斯贝尔斯. 人是什么[M]//孙志文. 人与哲学. 黄霍, 译. 台北：联经出版事业公司, 1982：67.

[2] [德]雅斯贝尔斯. 生存哲学[M]. 上海：上海译文出版社, 2005：14.

刻展现出来的生命的光辉。钱穆的人文教育思想中关于人的理解源于其对中国传统文化和学术思想的精深把握，也是这一点，赋予钱穆教育思想独特的中国文化风格。

"文化"意味着融入更大的心生命，"同情共感"是人之为人的需要，那么，今天教育的功利性色彩根源就在抹杀了这份人的根本需要。不管是唯"分数"论，还是唯"重点"论，看似在为受教育者"谋福利"，"读重点小学，才能读重点中学，才能读重点大学，才能有好工作，才能有好家庭"，似乎是在处处为人好，但竞争过程的"排他性"和"淘汰性"，是不是能使人在"胜利"的终点感到有归宿，这一点还是存疑。如果人最根本的文化性，即需要与他人共处而不是竞争厮杀的"共通心"没有得到培养，而是被彻底否定掉了，也难免"感情浮浅不定，人生一定慌乱"。[①]教育必须要滋养这份共通心，才能真正地摆脱功利倾向，成为不仅"为社会所用"，而也能"用社会"的文化事业。尤其是在各种教育创新实践获得蓬勃发展空间的今天，钱穆对教育需要承担文化责任的呼吁，实在需要教育工作者，以及家庭和社会认真对待和严肃思考。

6.2.2 中国人文精神是展开教育对话的根基

20世纪中国的社会文化变迁，是一个既保持民族文化认同，又致力文化改造和创新的现代化过程。"现代化后来者面临着许多难以抉择的矛盾。正确把握历史观与价值观的辩证统一，对于以赶超先发国家为主要任务的现代化后来者来说，意味深远"。[②]这个判断正好揭示了现代化过程中的目标和价值之间的紧张，是适应现代化潮流与认同民族文化的矛盾。钱穆一生的努力也涉及了现代世界发展的一个普遍命题，即实现现代化与超越现代化的问

---

① 钱穆. 漫谈中国文化复兴[M]//历史与文化丛谈. 北京：九州出版社，2011：51.
② 邱亿通. 现代化的历史趋势与价值选择[M]. 北京：中国社会科学出版社，2004：2.

第六章 结论：探索中国现代教育的文化性格

题，对这个问题的回答，钱穆是期待中国在活动政治与经济的稳定发展之后，社会风貌依然能持续地展示鲜明的文化风格。亨廷顿在分析多元文化和各国政治、社会与文化差异之时，也认为中国在现代化进程中依然保持固有的价值观，并认为这样的价值观与西方价值冲突。[①]学者戴景贤认为亨廷顿的分析没有区分价值在思想、社会和政治三个不同层面的影响，因而其结论由"文明冲突"会导致"政治冲突"的推导是不恰当的。[②]再进一步，亨廷顿只看到了相异，却没有看到中国文化推崇在异中求"通"的追求，这也说明中国文化的能量依然尚待发挥。

现代化既是人类历史进化的方向，同时也是民族文化发展的产物。对后发国家来说，其社会现代化的价值取向并不一定要以西方文化为依归。钱穆并不把物质经济的增长当成社会发展的唯一标准，也不认同当时的西方和苏俄现代化模式，而是主张立足国情，以中国文化为依托，试图通过对中国文化，尤其是对儒家思想的厘定，阐明中国人的人生态度不仅是一种维持社会秩序的规范，而且是一种内在精神生活的根源，"东方人，看整体性，看修养人格。注重心灵情感，人与人内在生活相通处。……孔子似乎偏重人各自的内在情感，再在此情感上引出种种理智，由私人情感立脚，再由种种理智达成。"[③]

在漫长的历史过程中，中国文化的道德性已积淀为中华民族深层文化心理的一部分，规范着中国人的道德意识和行为，铸造了中华民族的性格，影响直至今日。但是，近现代中国的急剧变迁，儒家赖以生存的政治、经济基础发生了质的变化，儒家所奉扬的道德信条很多已不适合现实世界。"儒学要获得新的生机，不仅要确立一种开放的态势，还应当确立一种实践的机制。"[④]钱穆在阐释儒学精义与中国文化本质的问题上具有强烈的与世界对话的愿望，并且这些思想支持其现实中的教育实践探索。

---

① 亨亭顿. 文明冲突与世界秩序的重建[M]. 黄裕美，译. 台北：联经出版事业公司，1997：247-300.
② 戴景贤. 钱宾四先生与现代中国学术[M]. 上海：东方出版社，2016：212.
③ 钱穆. 人类文化与东方西方[M]//历史与文化论丛. 北京：九州出版社，2011：12-15.
④ 刘宗贤，蔡德贵. 当代东方儒学[M]. 北京：人民出版社，2003：481.

中国文化教育视野下的通识教育——论钱穆"通学"教育思想

在实践层面,钱穆在新亚的办学受到国际认可,其本人也多次在国外讲学,中国文化和教育也是被多次谈论的主题,其传达的不仅是中国语言,而是能体现中国文化精神的本土立场。钱穆提出的模仿与实利倾向,就是中国原发的问题,这个伴随现代中国教育发展的问题,即是在暗示一个更大的理论问题,是不是后发展国家的教育都会陷入过重强调"模仿"与"实利"的境况,这也是帮助揭示一个实践问题,今天的教育依然有这样的功利色彩,教育改革者如何在稀释这种功利性。"本土"立场不是视野封闭,而是对于共通问题的本土回答。本土理论不是指纯粹的仅仅依赖和汲取的原始性的本土思想资源,而是把问题的发生铆钉在"原发性"的土壤。实际上,当本土的传统文化也要运用西方的学术话语进行阐释时,中国文化已经向世界打开。但这样的事实只能使我们更加清醒认识,不能设想"隔离"出一种"纯文化"才能创造出一种"原"思想或"原"理论。在面对不纯粹的文化现实时,我们首先需要发现自己的问题,教育活动是实践性的,"中国语境下产生的教育学科的问题"可能是"与众不同"的问题,但也可能是相同的问题,与众不同不能作为一个标准;另外,问题是"提"出来的,但却不是"凭空"提出来的,所以,本土问题,应该是一个建立在中国"教育理论和教育实践关系"之上的问题。

钱穆的教育学思考和实践始终围绕如何发展中国的教育,这也是其获得国际认可的根本原因。具有巨大国际价值的中国教育研究和实践,一定是能反映和作用于中国的教育现实。"全球化"与本土研究不矛盾。我们的发展已经不能离开交流,我们其实并不缺少交流,但关键是不能为了交流而趋同。有自我发展价值的东西,才可能有交流的价值;只有以自我发展为前提,才能够实现真正的交流,因为在自己一无所有的状态下,只有移植,没有任何可以拿出去交流的东西。可以确信,真正对自我发展有价值的东西,就不可能是通过简单复制得来的,就一定会表现出自己的独特。

文化特色是教育发展的一个重要面向。中国教育传统强调对人生的关注,"由人之初开始,教育与人生同步,并且与人生同归。因此教育便是'人生教育',教育总该是'人生教育'。无论何时何地,教育离开人生就不

第六章　结论：探索中国现代教育的文化性格

对"。①如何把文化融于教育过程之中是一个大课题，就本研究来看，钱穆在中国文化教育方面的实践启示我们，在今天以教育传递中国文化，不是简单复古，而是传递中国文化对"做人"的期待，而这份期待的榜样就是为师者。钱穆提倡的中国学人追求的"通学"境界、中国文化推崇的"天人合一"的"和"的境界，是其对中国人文精神核心的提炼，而这些境界都可以从师道中得到体现。因此，在现代教育实践中，教师需要有坚定的人文信仰，教师承担着关照人的生命整体的责任，而关照的起点就是以知识学习引导学生认识永远处于生成和形成过程中的社会大群，这就是追求学问之"通"的过程。钱穆研究文化的目的不是仅停留于书斋里的理论探讨，而是要将理论引向社会实践，其文化观与通学教育思想正是用自己独特的方式来寻求中国现代化之路而苦心孤诣探索的结晶。

　　教育讲究通识的意识，并不仅仅是钱穆所提倡。1945年发表的《哈佛通识教育红皮书》提出通识教育不是关于知识的普及性教育，是教育的有机组成部分，以培养学生的四种能力为目标，"有效的思考能力；交流思想的能力；做出恰当判断的能力；辨别价值的能力"。②从培养目标来看，教育可以通过关注这四点目标而具有通识性，也就是取消了通识与非通识之间的对立，良好的教育就是通识教育。纳斯鲍姆关于通识教育的目标的观点也与此比较一致，"在于培养公民的人性，具备三方面的能力，批判性审视自己和自己传统的能力；与周围世界、他人等实现共同的需要和目标的能力；想象能力"。③这些观点和中国人文传统偏重的整体感、辩证观和内在观还是有不同。对于通识教育的实践，英国大学秉持自由教育传统，是把通识作为理念融合到教育之中，追求"心智训练"与"德性养成"兼具，④哈佛大学在2007年提出"通识教育是要使本科生能够在一个他们毕业后将要成为什么人

---

① 严元章. 中国教育思想源流[M]. 广州：广东教育出版社，2012：44.
② [美]哈佛委员会. 哈佛通识教育红皮书[M]. 李曼丽，译. 北京：北京大学出版社，2010：40.
③ [美]纳斯鲍姆. 培养人性：从古典学角度为通识教育改革辩护[M]. 李艳，译. 上海：三联书店，2013：10-11.
④ 周常明. 牛津大学史[M]. 上海：上海交通大学出版社，2012：7.

和他们将过什么生活的这样的一个视野下,在哈佛课堂的内外进行一切学习"。[①]把"通识"的视野也扩大到人生层面,是通识教育发展的下一步方向。我们中国人文精神对于发展我们国内的通识教育也是有巨大价值的,也等待我们去寻找中国人文精神对通识教育趋势的贡献。钱穆的教育实践比较成功的原因,离不开在全人类文化前途的层面上提出"通学"与"通人"教育。这也表明了中国文化走向世界的突破点所在,以及中国教育在全球化中得以把握住自己文化的坚固据点。钱穆超越了以实用功利主义来考察中国教育问题,从世界文化的广度和深远的未来进行设计中国的教育特色,其思想的深远性和鲜明的民族性,值得我们认真思考。

[①] 隋晓荻. 中西通识教育的思想与实践[M]. 广州:世界图书出版广东有限公司,2014:149.

参考文献

专著：

1. Dennerline, Jerry. Qian Mu and the world of Seven Mansions[M]. New Haven: Yale University Press. 1988.

2. [英]爱德华·泰勒.人类学人及其文化研究[M].连树声，译.桂林：广西师范大学出版社，2004.

3. [法]卢梭.爱弥儿[M].李平沤，译.北京：商务印书馆，1996.

4. [德]雅斯贝尔斯.什么是教育[M]. 邹进，译.北京：生活·读书·新知三联书店，1991.

5. [德]雅斯贝尔斯.人是什么[A]//孙志文.人与哲学[M].黄霍，译.台北：联经出版事业公司，1982.

6. [德]雅斯贝尔斯.生存哲学[M].上海：上海译文出版社，2005.

7. [德]胡塞尔.欧洲科学危机和超验现象学[M].上海：上海译文出版社，1999.

8. [德]席勒.审美教育书简[M].张玉龙，译.南京：译林出版社，2012.

9. [德]艾米尔·路德维希.德国人——一个具有双重历史的国家[M].北京：三联书店，1991.

10. [德]福禄培尔.人的教育[M].孙祖复，译.北京：人民教育出版社，1991.

11. [德]凯兴斯泰纳.凯兴斯泰纳教育论著选[M].郑惠卿，译.北京：人民教育出版社，2003.

12. [美]威廉·詹姆士.实用主义——一些旧思想方法的新名称[M].陈羽纶，孙瑞禾，译.北京：商务印书馆，1979.

13. [美]丹尼尔·布尔斯廷.美国人开拓历程[M].北京：三联书店，1993.

14. [美]杜威.哲学的改造[M].张颖，译.西安：陕西人民出版社，2004.

15. [美]哈佛委员会.哈佛通识教育红皮书[M].李曼丽，译.北京：北京大学出版社，2010.

16. [美]亨亭顿.文明冲突与世界秩序的重建[M].黄裕美，译.台北：联经出版事业公司，1997.

17. [美]纳斯鲍姆.培养人性：从古典学角度为通识教育改革辩护[M].李艳，译.上海：三联书店，2013.

18. 蔡振生.张之洞教育思想研究[M].沈阳：辽宁教育出版社，1994.

19. 陈平原.大学何为[M].北京：北京大学出版社，2006：320.

20. 陈勇.国学宗师钱穆[M].北京：北京大学出版社，2007.

21. 崔运武.严复教育思想研究[M].沈阳：辽宁教育出版社，1993.

22. 戴景贤.钱宾四先生与现代中国学术[M].上海：东方出版社，2016.

23. 邓建国.科举制度的伦理审视[M].新北：花木兰文化出版社，2013.

24. 方汉奇.中国新闻事业编年史[M].福州：福建人民出版社，2000.

25. 高静.中西高等教育融合——新亚书院的探索[D].保定：河北大学，2014.

26. 葛懋春.胡适哲学思想资料选 上册[M].上海：华东师范大学出版社，1981.

27. 葛兆光.中国思想史（第二卷）[M].上海：复旦大学出版社，2001.

28. 耿云志.近代中国文化转型研究导论[M].成都：四川人民出版社，2008.

29. 顾潮.历劫终教志不灰——我的父亲顾颉刚[M].上海：华东师范大学出版社，1997.

30. 顾俊.试议钱穆人文教育思想在高职语文教学中的渗透与运用[D].上海：上海师范大学，2012.

31. 郭小涛.论立足于传统文化之上的钱穆教育思想[D].苏州：苏州大学，2013.

32. 韩复智.钱穆先生学术年谱（一）[M].台北："国立"编译馆，2005.

33. 何炳棣.读史阅世六十年[M].北京：中华书局，2012.

34. 何方昱.钱穆教育思想初探[D].乌鲁木齐：新疆大学，2003.

35. 黄延复.梅贻琦教育论著选[M].北京：人民教育出版社，1993.

36. 蒋廷黻.蒋廷黻回忆录[M].长沙：岳麓书院，2003.

37. 璩鑫圭.唐良炎.学制演变——中国近代教育史资料汇编[G].上海：上海教育出版社，1991.

38. 李宝红.钱穆对胡适的批评有关治学思想与方法的比较研究[M].新北：花木兰出版社，2012.

39. 李木妙.国史大师钱穆教授传略[M].台北：杨智文化事业股份有限公司，1995.

40. 李守常.平民主义[M].上海：商务印书馆，1926.

41. 李晓珊.钱穆民族精神教育思想研究[D].杭州：杭州师范大学，2013.

42. 刘凤琴.历史不会流亡[D].苏州：苏州大学，2011.

43. 刘朋朋."我"与"我们"：鲁迅个人主义命运考论[D].济南：山东大学，2013.

44. 李剑萍，杨旭.中国现代教育之大家与大事[M].广州：广东教育出版社，2011.

45. 刘宗贤 蔡德贵.当代东方儒学[M].北京：人民出版社，2003.

46. 陆玉芹.未学斋中香不散——钱穆和他的弟子[M].广州：广东教育出版社，2007.

47. 吕叔湘.王海棻.《马氏文通》读本[M].上海：上海世纪出版集团，2005.

48. 罗志田.国家与学术：清季民初关于"国学"的思想论争[M].北京：三联书店，2003.

49. 南京师范大学教育系.教育学[M].北京：人民教育出版社，1984.

50. 齐如山.齐如山回忆录[M].上海：上海文艺出版社，2014.

51. 钱穆.八十忆双亲 师友杂忆[M].北京：生活·读书·新知三联书店，2012.

52. 钱穆.国史大纲[M].北京：商务印书馆，1995.

53. 钱穆.国学概论[M].北京：商务印书馆，1933.

54. 钱穆.国学概论[M].北京：九州出版社，2011.

55. 钱穆.湖上闲思录[M].再跋.北京：九州出版社，2012.

56. 钱穆.论语文解[M].北京：九州出版社，2011.

57. 钱穆.双溪独语[M].北京：九州出版社，2011.

58. 钱穆.宋明理学概述[M].北京：九州出版社，2011.

59. 钱穆.文化学大义[M].北京：九州出版社，2012.

60. 钱穆.中国近三百年学术史[M].北京：商务印书馆，1997.

61. 钱穆.中国文化史导论[M].北京：商务印书馆，1994.

62. 钱穆.朱子新学案 三辑[M].北京：九州出版社，2011.

63. 钱穆.晚学盲言[M].桂林：广西师范大学出版社，2004.

64. 钱行.思亲补读录——走近父亲钱穆[M].北京：九州出版社，2011.

65. 邱亿通.现代化的历史趋势与价值选择[M].北京：中国社会科学出版社，2004.

66. 石中英.教育学的文化性格[M].太原：山西教育出版社，1999.

67. 桑兵.晚清学堂学生与社会变迁[M].上海：学林出版社，1995.

68. 宋原放.中国出版史料近代部分 第二卷[M].武汉：湖北教育出版社，2004.

69. 苏庆彬.七十杂忆从香港沦陷到新亚书院的岁月[M].香港：中华书局（香港）有限公司，2011.

70. 隋晓荻.中西通识教育的思想与实践[M].广州：世界图书出版广东有限公司，2014.

71. 谭晓泽.思考中的行动：钱穆的中国文化教育道路[D].上海：华东师范大学，2009.

72. 田文丽.钱穆历史教育思想探析[D].曲阜：曲阜师范大学，2012.

73. 王丽娜.民国时期国学经典的教育观念变迁研究[D].成都：四川师范大学，2012.

74. 王明仓.常用古汉语词典[Z].西安：陕西人民出版社，2003.

75. 王锐生.社会哲学导论[M].北京：人民出版社，1994.

76. 汪学群.武才娃.钱穆[M].昆明：云南教育出版社，2008.

77. 王志成.钱穆历史教育实践及思想研究[D].上海：上海师范大学，2014.

78. 魏兆锋."不要忘了自己是一个中国人"——钱穆教育思想研究[D].

上海：华东师范大学，2012.

79. 谢毓洁.近代思想与文化初探[M].长春：吉林人民出版社，2011.

80. 薛凯.钱穆语文教育思想及实践研究[D].苏州：苏州大学，2008.

81. 杨国桢.林则徐传[M].北京：人民出版社，1995.

82. 杨明辉.钱穆[M].南京：江苏人民出版社，2016。

83. 严耕望.钱穆宾四先生与我[M].台北：台湾商务印书馆.1992.

84. 严元章.中国教育思想源流[M].广州：广东教育出版社，2012.

85. 印永清.钱穆[M].石家庄：河北教育出版社，2003.

86. 赵敏俊.钱穆历史教育思想与实践述论[D].上海：华东师范大学，2008.

87. 赵祥林.外国教育家评传洪堡[M].上海：上海教育出版社，1992.

88. 张岱年.中国哲学大纲[M].南京：江苏教育出版社，2005.

89. 张维.苏州中学国文教育研究（1927—1931年）[D].上海：华中师范大学，2015.

90. 张昭军.孙燕京主编.中国近代文化史[M].北京：中华书局，2012.

91. 周常明.牛津大学史[M].上海：上海交通大学出版社，2012.

92. 周育华.君子儒钱穆评传——从无锡七房桥走出的文化大家[M].南京：江苏凤凰出版社，2011.

93. 周爱灵.花果飘零 冷战时期殖民地的新亚书院[M].香港：商务印书馆（香港），2010.

94. 邹小站.西学东渐：迎拒与选择[M].成都：四川人民出版社，2008.

论文集论文：

1. Ying-shih Yu. Changing Conception of National History in Twentieth-century China [M]// Lönnroth, Molin k, Björk R.Conceptions of National History: proceedings of nobel symposium 78. Berlin and New York: Walter de Gruyter. 1994.

2. 陈独秀.答"新青年"爱读读者[M]//独秀文存.北京：外文出版社，2013.

3. 陈启云.钱穆师与中西思想文化比较研究——历史主义述评[M]//钱穆思想学术研讨会.台北：东吴大学钱穆古故居管理处，2005：1-24.

4. 范源廉.说新教育之弊[M]//范源廉集.卷一.欧阳哲生. 刘慧娟. 胡宗刚编.长沙：湖南教育出版社，2010.

5. 傅斯年.历史语言研究所工作之旨趣[M]//史学方法导论.南京：江苏文艺出版社，2008.

6. 姜广辉，整体和谐观中国文化对于人类的永久性价值——读钱穆先生《经学大要》心得[C]//纪念钱穆先生逝世十周年国际学术研讨会论文集.台北：台湾大学中国文学系，2001：39-44.

7. 江苏省立第一师范学校参观记[G]//中国近代学制史料 第二辑上.1983.

8. 光绪三十三年升任两湖总督张奏设存古学堂折[G]//朱有瓛，高时良.中国近代学制史料·第二辑上.1983.

9. 胡适.中国哲学史大纲[M]//欧阳哲生.胡适文集 六册.北京：北京大学出版社，1998.

10. 黄俊杰.钱宾四史学中的国史观：内涵，方法与意义[C]//纪念钱穆先生逝世十周年国际学术研讨会论文集.台北：台湾大学中国文学系，2001：145-182.

11. 黄文斌.民族本位与学术经世：论析钱穆学术思想的历史成因（1904—1950）[C]//钱穆思想学术研讨会论文集.台北：东吴大学钱穆故居管理处，2005：245-284.

12. 黄兆强.钱穆先生的治学精神——以《中国史学名著》为主轴作探讨[C]//钱穆思想学术研讨会论文集.台北：东吴大学钱穆故居管理处.2005：285-314.

13. 秋瑾.演说的好处[M]//秋瑾集.北京：中华书局，2015.

14. 视察学务总报告[G]//陈元晖.中国近代教育史资料汇编：实业教育师范教育.上海：上海教育出版社，1994.

15. 雷海宗.专家与通人[M]//杨东平.大学精神.沈阳：辽海出版社，2000.

16. 梁启超.变法通义[M]//饮冰室合集文集之一.北京：中华书局，1989.

17. 梁启超.论近世国民竞争之大势及中国前途[M]//饮冰室合集文集之四.北京：中华书局，1989.

18. 梁启超.论幼学[M]//饮冰室合集文集之一.北京：中华书局，1989.

19. 梁启超.西书目表后序[M]//饮冰室合集文集之一.北京：中华书局，

参考文献

1989.

20. 梁启超.论教育当定宗旨[M]//饮冰室合集文集之十.北京：中华书局，1989.

21. 梁启超.近世文明初祖二大家之学说[M]//饮冰室合集文集十三.北京：中华书局，1989.

22. 梁启超.与林迪臣太守论浙中学堂课程应提倡实学书[M]//饮冰室合集文集三.北京：中华书局，1989.

23. 鲁迅.我们现在怎样做父亲[M]//坟.南京：译林出版社，2013.

24. 钱穆.中国历史上的传统教育[M]//国史新论.北京：九州出版社，2012.

25. 钱穆.欢迎耶鲁协会代表讲词摘要[M]//新亚遗铎.北京：生活·读书·新知三联书店，2004.

26. 钱穆.中国儒家思想对世界人类新文化应有的贡献[M]//世界局势与中国文化.北京：九州出版社，2011.

27. 钱穆.晚明诸儒之学术及其精神[M]//中国历史精神.北京：九州出版社，2011.

28. 钱穆.中国文化与中国人[M]//中国历史精神.北京：九州出版社，2011.

29. 钱穆.有关穆个人在新亚书院之辞职[M]//新亚遗铎.北京：九州出版社，2011.

30. 钱穆.招生简章节录[M]//新亚遗铎.北京：九州出版社，2011.

31. 钱穆.敬告我们这一届的毕业同学们[M]//新亚遗铎.北京：生活·读书·新知三联书店，2005.

32. 钱穆.中国学术通义序[M]//中国学术通义.北京：九州出版社，2011.

33. 钱穆.新亚学规[M]//新亚遗铎.北京：九州出版社，2011.

34. 钱穆.中国史学三[M]//现代中国学术论衡.北京：九州出版社，2011.

35. 钱穆.略论中国教育学三[M]//现代中国学术论衡.北京：九州出版社，2011.

36. 钱穆.略论中国社会学 一[M]//现代中国学术论衡.北京：九州出版社，2011.

37. 钱穆.历史地理与文化[M]//中国文化丛谈.北京：九州出版社，2011.

38. 钱穆.略论中国哲学 二[M]//现代中国学术论衡.北京：九州出版社，

2011.

 39. 钱穆.朱子读书法[M]//学龠.北京：九州出版社，2011.
 40. 钱穆.学与人[M]//历史与文化论丛.北京：九州出版社，2011.
 41. 钱穆.学问与德性[M]//中国学术通义.北京:九州出版社，2011.
 42. 钱穆.国史漫话[M]//中国史学发微.北京：九州出版社，2011.
 43. 钱穆.中西文化接触之回顾与前瞻[M]//文化与教育.北京：九州出版社，2011.
 44. 钱穆.中国今日所需要之新史学与新史学家[M]// 中国历史研究法.北京：九州出版社，2012.
 45. 钱穆.从历史文化看时事笔录答录[M]//历史与文化论丛.北京：九州出版社，2012.
 46. 钱穆.中国史学发微 序二[M]//中国史学发微.北京：九州出版社，2012.
 47. 钱穆.史学导言[M]//中国史学发微.北京：九州出版社，2012.
 48. 钱穆.历史与人生[M]//中国史学发微.北京：九州出版社，2012.
 49. 钱穆.东西人生观之对照[M]//文化与教育.北京：九州出版社，2012.
 50. 钱穆.中国学术特性[M]//中国学术通义（新校本）.北京：九州出版社，2012.
 51. 钱穆.从整个国家教育之革新来谈中等教育[M]//文化与教育.北京：九州出版社，2012.
 52. 钱穆.革命教育与国史教育[M]//文化与教育.北京：九州出版社，2012.
 53. 钱穆.中国历史教学[M]//中国历史研究法.北京：九州出版社，2012.
 54. 钱穆.略论治史方法[M]//中国历史研究法.北京：九州出版社，2012.
 55. 钱穆.改革中等教育议[M]//文化与教育.北京：九州出版社，2012.
 56. 钱穆.改革大学制度议[M]//文化与教育.北京：九州出版社，2012.
 57. 钱穆.历史上时间与事件[M]//中国史学发微.北京：九州出版社，2012.
 58. 钱穆.近百年来诸儒论读书[M]//学龠.北京：九州出版社，2011.
 59. 钱穆.新时代与新学术[M]//文化与教育.北京:九州出版社，2011：89.
 60. 钱穆.历史与教育[M]//中国历史研究法.北京：九州出版社，2012.
 61. 钱穆.致学生王玉哲[M]//江苏省无锡县政协.钱穆纪念文集.上海：上

海人民出版社，1992.

62. 钱穆.论语要略[M]//四书释义.北京：九州出版社，2012.

63. 钱穆.孟子要略[M]//四书释义.北京：九州出版社，2012.

64. 钱穆.孔子思想与世界文化新生[M]//孔子与论语.北京：九州出版社，2011.

65. 钱穆.泛论学术与师道[M]//中国学术通义.北京：九州出版社，2011.

66. 钱穆.如何研究文化史[M]//中国历史研究法.北京：九州出版社，2011.

67. 钱穆.学术与风气[M]//中国学术通义.北京：九州出版社，2011.

68. 钱穆.新时代与新学术[M]//文化与教育.北京：九州出版社，2011.

69. 钱穆.五十年来中国思想界[M]//历史与文化论丛.北京：九州出版社，2011.

70. 钱穆.史学精神与史学方法[M]//中国历史精神.北京：九州出版社，2011.

71. 钱穆.如何研究文化史[M]//中国历史研究法.北京：九州出版社，2011.

72. 钱穆.中国固有哲学与革命哲学[M]//文化与教育.北京：九州出版社，2011.

73. 钱穆.中国历史精神 序[M]//中国历史精神.北京：九州出版社，2011

74. 钱穆.中等学校国文教授之讨论[M]//文化与教育.北京：九州出版社，2012.

75. 钱穆.中国史学之精神[M]//中国史学发微.北京：九州出版社，2011.

76. 钱穆.中国历史精神[M]//中国史学发微.北京：九州出版社，2011.

77. 钱穆.中国文化本质及其特征[M]//民族与文化.北京：九州出版社，2011.

78. 钱穆.中国文化与中国青年[M]//文化与教育.北京：九州出版社，2011.

79. 钱穆.新原才[M]//文化与教育.北京：九州出版社，2012.

80. 钱穆.从整个国家教育之革新来谈中等教育[M]//文化与教育.北京：九州出版社，2012.

81. 钱穆.中国哲学道德与政治思想[M]//历史与文化丛谈.北京：九州出版社，2011.

82. 钱穆.理想的大学[M]//文化与教育.北京：九州出版社，2012.

83. 钱穆.改革大学制度议[M]//文化与教育.北京：九州出版社，2012.

84. 钱穆.理想的大学教育[M]//文化与教育.北京：九州出版社，2012.

85. 钱穆.中国固有哲学与革命哲学[M]//文化与教育.北京：九州出版社，2012.

86. 钱穆.中国知识分子[M]//国史新论.北京：九州出版社，2012.

87. 钱穆.中国传统教育精神与制度[M]//政学私言.北京：九州出版社，2012.

88. 钱穆.中国历史上关于人生理想之四大转变[M]//世界局势与中国文化.北京：九州出版社，2011.

89. 钱穆.中国思想之主流[M]//世界局势与中国文化.北京：九州出版社，2011.

90. 钱穆.中国学术特性[M]//中国学术通义（新校本）.北京：九州出版社，2012.

91. 钱穆.历史与文化论丛序[M]//历史与文化论丛.北京：九州出版社，2011.

92. 钱穆.新亚书院招生简章[M]//新亚遗铎.北京：北京：生活·读书·新知三联书店，2004.

93. 钱穆.告新亚同学们[M]//新亚遗铎.北京：北京：生活·读书·新知三联书店，2004.

94. 钱穆.人物与理想[M]//新亚遗铎.北京：生活·读书·新知三联书店，2004.

95. 钱穆.学与人[M]//历史与文化论.北京：九州出版社，2011.

96. 钱穆.新亚学规[M]//新亚遗铎.北京：北京：生活·读书·新知三联书店，2004.

97. 钱穆.亚洲文商学院开学典礼讲词摘要[M]//新亚遗铎.北京：生活·读书·新知三联书店，2004.

98. 钱穆.农圃道新校舍奠基典礼讲词摘要[M]//新亚遗铎.北京：生活·读书·新知三联出版社，2004.

99. 钱穆.世界文化明日与新中国[M]//文化与教育.北京：九州出版社，2012.

100. 钱穆.从两个世界说到两种文化[M]//文化与教育.北京：九州出版社，2012.

101. 钱穆.中西文化接触[M]//文化与教育.北京：九州出版社，2012.

102. 钱穆.中国儒家思想对世界人类新文化应有的贡献[M]//世界局势与文化.北京：九州出版社，2011.

103. 钱穆.当前香港的教育问题[M]//文化与教育.北京：九州出版社，2012.

104. 钱穆.香港金文泰中学一九五六年毕业典礼讲[M]//文化与教育.北京：九州出版社，2011.

105. 钱穆.欢迎耶鲁协会代表讲词摘要[M]//新亚遗铎.北京：九州出版社，2011.

106. 钱穆.珍重我们的教育宗旨[M]//新亚遗铎.北京：九州出版社，2011.

107. 钱穆.回顾与前瞻[M]//新亚遗铎.北京：九州出版社，2011.

108. 钱穆.一所理想的中文大学[M]//文化与教育.北京：九州出版社，2012.

109. 钱穆.自由教育[M]//历史与文化论丛.北京：九州出版社，2011.

110. 钱穆.第十届毕业典礼致词[M]//新亚遗铎.北京：九州出版社，2011.

111. 钱穆.新亚书院沿革旨趣与概况[M]//新亚遗铎.北京：九州出版社，2011.

112. 钱穆.新亚书院五年发展计划草案节录[M]//新亚遗铎.北京：九州出版社，2011.

113. 钱穆.研究所计划纲要[M]//新亚遗铎.北京：九州出版社，2011.

114. 钱穆.校务概况[M]//新亚遗铎.北京：九州出版社，2011.

115. 钱穆.校风与学风[M]//新亚遗铎.北京：生活·读书·新知三联出版社，2004.

116. 钱穆.校风与学风（校刊六期）[A]//新亚遗铎.北京：生活·读书·新知三联书店，2005.

117. 钱穆.课程学术化 生活艺术化[M]//新亚遗铎.北京：九州出版社，2011.

118. 钱穆.关于新亚之评价[M]//新亚遗铎.北京：九州出版社，2011.

119. 钱穆.事业与性情[M]//新亚遗铎.北京：九州出版社，2011.

120. 钱穆.为学与做人[M]//新亚遗铎.北京：九州出版社，2011.

121. 钱穆.道德与艺术[M]//中国文化丛谈.北京：九州出版社，2011.

122. 钱穆.在现代如何做一个大学生[M]//历史与文化论丛.北京：九州出版社，2011.

123. 钱穆.第六届毕业典礼讲词[M]//新亚遗铎.北京：九州出版社，2011.

124. 钱穆.知识技能与理想人格完成[M]//新亚遗铎.北京：九州出版社，2011.

125. 钱穆.竞争比赛和奇才异能[M]//新亚遗铎.北京：九州出版社，2011.

126. 钱穆.择术与辨志[M]//中国学术通义（新校本）.北京：九州出版社，2012.

127. 钱穆.双溪独语[M].北京：九州出版社，2011.

128. 钱穆.中国的人文精神[M]//中国文化丛谈.北京：九州出版社，2011.

129. 钱穆.人生三阶层[M]//历史与文化论丛.北京：九州出版社，2011.

130. 钱穆.物与心[M]//人生十论.桂林：广西师范大学出版社，2004.

131. 钱穆.如何解脱人生苦痛[M]//人生十论.桂林：广西师范大学出版社，2004.

132. 钱穆.中国文化与人文修养[M]//历史与文化论丛.北京：九州出版社，2011.

133. 钱穆.中国思想界的出路[M]//文化与教育.北京：九州出版社，2012.

134. 钱穆.如何建设人文科学[M]//文化与教育.北京：九州出版社，2011.

135. 钱穆.学术与心术[M]//学籥.北京：九州出版社，2011.

136. 钱穆.读王通中说[M]//中国学术思想史论丛四.北京：九州出版社，2011.

137. 钱穆.论太极图说与先天图说之传授[M]//中国学术思想史论丛五.北京：九州出版社，2011.

138. 钱穆.漫谈中国文化复兴[M]//历史与文化丛谈.北京：九州出版社，2011.

139. 钱穆.中国文化本质及其特征[M]//民族与文化.北京：九州出版社，2011.

140. 钱穆.人类文化之展望[M]//历史与文化丛谈.北京：九州出版社，2011.

141. 钱穆.中国文化与科学[M]//世界局势与中国文化.北京：九州出版社，2011.

142. 钱穆.中国儒家思想对世界人类新文化所应有的贡献[M]//世界局势与中国文化.北京：九州出版社，2012：183-184.

143. 钱穆.经验与思维[M]//湖上闲思录.北京：九州出版社，2012.

144. 钱穆.学问之入与出[M]//学籥.北京：九州出版社，2011.

145. 钱穆.中国文化与人文修养[M]//历史与文化论丛.北京：九州出版社，2011.

146. 钱穆.中国传统文化与中国之师道[M]//文化与教育.北京：九州出版社，2012.

147. 钱穆.中国教育制度与教育思想[M]//国史新论.北京：九州出版社，2012.

148. 钱穆.中国文化中理想之人的生活[M]//中华文化十二讲.北京：九州出版社，2011.

149. 钱穆.人生目的和自由[M]//人生十论.北京：九州出版社，2011.

150. 钱穆.如何研究学术史[M]//中国历史研究法.北京：九州出版社，2012.

151. 钱穆.如何获得我们的自由[M]//人生十论.桂林：广西师范大学出版社，2004.

152. 钱穆.如何探究人生真理[M]//人生十论.桂林：广西师范大学出版社，2004.

153. 钱穆.中国文化的中心思想——性道合一论[M]//中华文化十二讲.北京：九州出版社，2011.

154. 钱穆.中国历史上的传统教育[M]//国史新论.北京：九州出版社，2012.

155. 钱穆.现代中国学术论衡[M].北京：九州出版社，2011.

156. 钱穆.中国学术通义[M].北京：九州出版社，2011.

157. 钱穆.学问与德性[M]//中国学术通义（新校本）.北京：九州出版社，

2012

158. 钱穆.中国学术特性[M]//中国学术通义（新校本）.北京：九州出版社，2012.

159. 钱穆.有关学问之系统[M]//中国学术通义（新校本）.北京：九州出版社，2012.

160. 钱穆.史学导言[M]//中国史学发微.北京：九州出版社，2011.

161. 钱穆.读文选[M]//中国学术思想史论丛三.北京：九州出版社，2011.

162. 史靖.绅权的继替[M]//费孝通.皇权与绅权.天津：天津人民出版社，1988.

163. 王尧.文化认同：一项未完成的选择——读钱穆先生札记[C]//钱穆思想学术研讨会论文集.台北：东吴大学钱穆故居管理处.2005：51-64.

164. 魏源.海国图志叙[G]//璩鑫圭.童富勇.中国近代教育史资料汇编（教育思想）.上海：上海教育出版社，1997.

165. 吴沛澜.忆宾四师[M]//江苏无锡县政协.钱穆纪念文集.上海：上海人民出版社，1992.

166. 吴展良.学问之入与出：钱宾四先生与理学[C]//纪念钱穆先生逝世十周年国际学术研讨会论文集.台北：国立台湾大学中国文学系，2001：375-410.

167. 徐兴海.《论语新解》对于《论语》学习的意义[C]//钱穆思想学术研讨会论文集.台北：东吴大学钱穆故居管理处，2005：151-204.

168. 学部修订存古学堂章程[G]//朱有瓛，高时良.中国近代学制史料 第二辑上.上海：华东师范大学出版社，1983.

169. 学务纲要[G]//朱有瓛，高时良.中国近代学制史料 第二辑上.上海：华东师范大学出版社，1983.

170. 严复.救亡决论[M]//论世变之亟——严复集.胡伟希，选注.沈阳：辽宁人民出版社，1994.

171. 严复.论世变之亟[M]//论世变之亟——严复集.胡伟希，选注.沈阳：辽宁人民出版社，1994.

172. 严复.原强[M]//论世变之亟——严复集.胡伟希，选注.沈阳：辽宁人民出版社，1994.

173. 严耕望.治史经验谈[M]//治史三书.沈阳：辽宁教育出版社，1998.62

174. 张元.微窥浴深心——钱穆先生思考历史问题的一种方法[C]//钱穆思想学术研讨会论文集.台北：东吴大学钱穆故居管理处，2005：205-230.

175. 张枬.王忍之.辛亥革命前十年间时论选集第一卷下册[M].北京：生活·读书·新知三联书店，1960.

176. 赵凌河.新文学现代主义思想理论解读[M]// 辽宁省哲学社会科学首届学术年会获奖成果，2007：139-145.

177. 安平."教育与人"研讨会综述[J].教育研究与实验，1989（3）：17-19.

178. 北京师范大学教育系、河南安阳人民大道小学联合实验组.小学生主体性发展实验与指标体系的建立测评研究[J].教育研究，1994（12）：53-59.

179. 曹聚仁.再论国故与现代生活：兼致意圣陶予同两先生[J].文学周报，1926（237）.

180. 陈嘉明.中国哲学的"力行"知识论[J].学术月刊，2014（11）：5-12.

181. 陈兴安.钱穆：从乡村教师到教育家[J].课程教学研究，2014（12）：4-14.

182. 陈以爱.钱穆论政学关系[J]. 北京大学教育评论，2012，10（2）：154-178.

183. 邓子美，孙群安.论钱穆独特的人文教育理念[J].无锡教育学院学报，2005（Z1）：7-10.

184. 干春松.制度化儒家的解体（1895-1919）[D].北京：中国社会科学院研究生院，2001.

185. 高益民.顾明远教授文化观的若干辨析[J].比较教育研究，2008（9）：10-15.

186. 何方昱.高扬"文化教育""人才教育"——钱穆中等教育思想及实践述要[J].历史教学，2005（4）：54-58.

187. 江飞.钱穆：从小学教师到国学大师[J].中国教师，2011（4）：14-18.

188. 李书城.教育关系国家之存立说[J].湖北学生界，1903（1）.

189. 鲁洁.关系中的人：当代道德教育的一种人学探寻[J].教育研究，2002（3）：4-4.

190. 陆玉芹.重外修以强素质 兼内养以铸国魂——钱穆中等教育观及其当代启示[J].福建师范大学学报（哲学社会科学版），2009（6）：123-127.

191. 马建强.钱穆是怎样做小学教师的[J].教师博览，2002（10）：51-52.

192. 穆允军.从五四新文化运动看中国文化启蒙的特殊性[J].山东社会科学，2012（12）：10-16.

193. 欧阳仕文.钱穆教育思想新论——以《新亚遗铎》为中心的考察[J].教育评论，2010（2）：156-159.

194. 彭红霞.徐特立《国文教授之研究》探微[J].特立学刊，2013（6）：20-24.

195. 彭江.教育之根与文化自觉——读顾明远先生《中国教育的文化基础》有感[J].中国教育学刊，2006（5）：12-14.

196. 谭徐锋.钱穆人性化教育思想与实践[J].人文杂志，2002（6）：156-160.

197. 汪懋祖.苏中事业之回顾与展望[J].苏中校刊，1933（150）.

198. 王颖.论书院精神的现代传承——兼谈新亚书院的办学启示[J].河南师范大学学报（哲学社会科学版），2007，34（5）：212-215.

199. 肖立新. 牛伟. 李佳欣."北胡南钱"之钱穆的人文教育大师风范[J].兰台世界，2015（1）：103-104.

200. 徐国利.钱穆的学术史方法与史识——义理、考据与辞章之辨[J].史学史研究，2005（4）：61-70.

201. 杨天平，黄宝春."五四"前期"新青年"反复古主义的教育方针思想[J].浙江师范大学学报（社会科学版），2010，35（6）：88-92.

202. 俞启定.钱穆人文主义教育思想述要[J].河北师范大学学报（教育科学版），1999（1）：30-36.

203. 周勇.小学教师钱穆的专业成长道路[J].云南教育（视界综合版），2007（6）：40-43.

204. 资利萍.钱穆的音乐情缘及其音乐美育实践[J].美育学刊，2011，02（5）：27-30.

205. 郑航.五四时期的文化革新与近代德育观念的转变[J].华南师范大学学报（社会科学版），2001（2）：107-112.

附录：钱穆教育大事记

时间	国内教育大事	钱穆行谊	钱穆作品
1901年	1898年京师大学堂成立，1902年《钦定学堂章程》颁布，1904年《奏定学堂章程》颁布，1905年废除科举	入私塾	
1902—1903年		举家迁居荡口镇，拜读于华姓名师家塾，后来家塾解散，在家竟日阅读小说	
1904—1906年		入读果育小学	
1907—1910年	1908年美国国会通过议案，决定从1909年起，将"庚子赔款"所得的一部分退还给中国，以在中国发展留美教育	1907年考入常州府中学堂，至1910年从常州府中学堂肄业	
1911年	1911年4月29日清华学堂开学，10月10日武昌起义爆发	入读私立南京钟英中学	
1912年	1912年9月民国全国教育临时会议颁布《学校系统令》	辍学家居，家贫升学绝望乃自学，后奉兄命往秦家水渠三兼小学任教	应上海《东方杂志》征文，著《论民国今后之外交政策》，获三等奖，未刊。为投寄报刊杂志第一篇文章

续表

时间	国内教育大事	钱穆行谊	钱穆作品
1913年	1913年民国政府教育部公布"壬子癸丑"学制、《师范课程标准》《高等师范课程标准》，黄炎培发表《学校教育采用实用主义教育之商榷》	荡口镇私立鸿模学校任教	
1914年夏—1915年夏	1914年6月，袁世凯指示教育部规定中小学的修身及国文教科书必须以孔子之言为指导思想	兼任鸿模学校与无锡县立第四高等小学教职	
1915年秋—1918年夏	1915年，陈独秀在上海创办《青年杂志》（次年，杂志社迁至北京，改名《新青年》）	专任梅村镇县立第四高等小学教职	
1918年	1918年北京大学成立国文、英文、法文、德文、数学、物理、化学、法律、政治、哲学、经济等11个学科教授会	回荡口镇鸿模学校任教	写成《论语文解》，由上海商务印书馆出版
1919—1921年	1919年4月杜威访华；五四运动爆发；1919年10月全国教育会联合会通过《注意贫民教育案》《失学人民补习法》；1919年至1920年底，留法勤工俭学高涨	任后宅镇泰伯市立第一初级小学校长	1920年，撰《中等学校国文教授之讨论》
1922年	中华教育改进社总干事陶行知主持开展了实际教育调查，以期改进中小学的科学教育；舒新城在上海试行"道尔顿制"教学法	赴福建厦门集美学校任国文教师	

附录：钱穆教育大事记

续表

时间	国内教育大事	钱穆行谊	钱穆作品
1923—1927年	1923年"科玄论战"；余家菊、李璜合著《国家主义的教育》	任无锡江苏省立第三师范学校国文教师	1926年发表《编撰中等学校国文科公用教本之意见》，编成《论语要略》《孟子要略》，开始编写《国学概论》，1927年整理《先秦诸子系年》
1927年秋—1930年秋	1927年，南京国民政府教育行政委员会公布《学校实施党化教育办法草案》《教科图书审查条例》	入省立苏州中学，为全校国文课主任	1928年完成《国学概论》
1930年秋—1931年夏	1931年，国民党中央执行委员会通过《三民主义教育实施原则》	至北平任燕京大学国文讲师	1931年，《国学概论》由上海商务印书馆出版
1931年秋—1936年	1934年，蒋介石发表《新生活运动之要义》，发起"新生活运动"；1934年毛泽东提出苏维埃文化教育的总方针；"一二·九"运动爆发	任教北大、兼清华课、又兼任燕京大学、北平师范大学教授	发表《学问与生活》《近百年来之读书运动》《历史与教育》等文章
1937年	抗日战争爆发	10月，与同事离平结伴南行，至衡阳北大文学院院址	《中国近三百年学术史》由上海商务印书馆出版
1938—1939年	1938年，国民政府教育部颁布《中等以上学校导师纲要》，要求对学生"施以严密之训导"，蒋介石提"战时需作平时看"	春，随校经昆明到达西南联大文学院任教，决意撰写《国史大纲》	

179

续表

时间	国内教育大事	钱穆行谊	钱穆作品
1940年夏—1943年夏	1940年，毛泽东发表《新民主主义论》；1941年，陈鹤琴创办《活教育》杂志，开启"活教育"理论和运动	任齐鲁大学国学研究所教授，又兼齐鲁大学课	《国史大纲》一书由上海商务印书馆印行；发表《改革大学制度议》《改革中等教育议》《东西文化学社缘起》《东西人生观之对照》《中国文化与中国青年》《中西文化接触之回顾与前瞻》《新原才》《世界文化之明日与新中国》《中国传统教育精神与制度》等文章
1943年秋—1947年	从1940年至1943年，在上海英美法租界和华东华南各地山区的高校，相继往西南各地迁移	齐鲁大学国学研究所停办，应邀任华西大学教授，兼四川大学、云南大学教席	《政学私言》一书由重庆商务印书馆出版，发表《理想的大学》《中国固有哲学与革命哲学》《新时代的人生观序》《如何建设人文科学》等文章
1948年	1948年秋，华北和东北大部分地区和许多大中型城市获得解放，中小学教育正规化问题进入政策制定阶段	无锡巨商荣德生创办江南大学，屡邀遂赴私立江南大学任文学院长职	写成《湖上闲思录》，发表《中国文化问题》等文章
1949年春	1949年，中华人民共和国中央人民政府成立；掀起学习凯洛夫《教育学》的理论高潮	前往广州私立华侨大学，后随至香港，任亚洲文商学院院长	撰《人生三路向》《人生目的和自由》等文章

附录：钱穆教育大事记

续表

时间	国内教育大事	钱穆行谊	钱穆作品
1950年	1950年8月1日，教育部颁布新中国第一个《中学暂行教学计划（草案）》。开始第一阶段1950—1952年的高等学校院系调整	创办新亚书院，任常务董事、院长	1950年编成论文集《人生十论》；1951年，《国史新论》在香港出版；1952年《文化学大义》由台北正中书局出版；同年，《中国思想史》由台北中国文化出版事业委员会出版。1953年《四书释义》由台北中国文化出版事业委员会出版
1953年	1951年，教师思想改造运动；1954年，知识分子上山下乡掀起第一次高潮	仍任新亚书院院长。夏，获得美国亚洲协会、福特基金会资助，筹备新亚研究所，兼任所长	
1955年		仍任新亚书院院长。率团访问日本，在京都、东京大学作公开演讲	《中国思想史通俗讲话》在香港印行，《人生十论》由香港人生出版社出版。发表《中国思想之主流》《自由教育》《在现代如何做一个大学生》《关于提倡民族精神教育的一些感想》《中国儒家思想对世界人类新文化应有的贡献》《朱子读书法》《学术与心术》等文章
1959年	1958年第一届全国人民代表大会批准公布《汉语拼音方案》；开展1952—1953年，1955—1957年，两次高等学校院系调整	仍任新亚书院院长，兼新亚研究所所长。秋，决定参加中文大学，并参与筹设中文大学	

· 181 ·

续表

时间	国内教育大事	钱穆行谊	钱穆作品
1960年	1960年11月，中共中央文教小组召开全国文教工作会议。会后向中共中央写了《关于1961年和今后一个时期文化教育工作安排的报告》	赴美耶鲁大学、哈佛大学东方研究所、哥伦比亚大学、中美文化协会、芝加哥大学讲学。然后由美赴英、法、意访问。获耶鲁大学名誉博士学位。返港后，提议为筹建中的中文大学取名"中文大学"	《论语新解》一书由香港新亚研究所出版。发表《从人类历史文化来讨论中国之前途》《中国儒学与文化传统》《关于学问方面之智慧与功力》《读书与做人》《学问与德性》《学与人》《中国历史上关于人生理想之四大转变》《学术与师道》《学术与风气》《泛论学术与师道》《有关学问之系统》《中国文化与中国人》《学问之入与出》《推寻与会通》，《一所理想的中文大学》等文章
1961年	1961年2月，中共中央提出当前文教工作必须贯彻执行"调整、巩固、充实、提高"的方针，印发《高校六十条》	仍任新亚书院院长，兼新亚研究所所长。新亚书院理学院成立	
1962年	人民教育出版社开始编写12年制中学数学教材	仍任新亚书院院长，兼新亚研究所所长	
1963年	中共中央发布了关于在全国开展"五反"运动的指示	仍任新亚书院院长，兼新亚研究所所长。十月十七日，新亚、崇基、联合三书院合并成立为香港中文大学	
1964年	中国文字改革委员会编出《汉字简化方案》	向新亚董事辞去新亚书院院长之职	
1965年	1965年3月，教育部召开全国农村半农半读教育会议，10月召开全国城市半工半读教育会议，12月召开全国半工（农）半读高等教育会议	正式卸任于新亚书院，赴吉隆坡马来亚大学讲学	发表《中国文化体系中之艺术》《儒学与师道》《历史地理与文化》《人生四阶层》《人之三品》《身生活与心生活》《漫谈中国文化复兴》《本论语论孔学》《中国的人文精神》《复兴中国文化人人必读的几部书》等文章
1966年	"文化大革命"席卷全国；"五七"指示	香港难民潮起，决定迁往台湾	
1967年	中共中央、国务院、中央军委、"中央文革"颁发了关于大、中、小学复课闹革命的文件	迁居台北	

附录：钱穆教育大事记

续表

时间	国内教育大事	钱穆行谊	钱穆作品
1968年		在台北当选中央研究院院士	发表《中国文化与人之修养》《中国文化之成长与复兴》《中国教育制度与教育思想》《人物与理想》《中国传统文化中之道德精神》《中国之师道》等文章
1969年	全国各地城镇出现了知识青年上山下乡的热潮	在台南成功大学讲"史学导言"，任台北故宫博物院特聘研究员	
1970年	6月，中共中央批《北京大学、清华大学关于招生（试点）的请示报告》。《报告》提出废除招生考试制度，实行"群众推荐，领导批准和学校复审相结合的办法"招收工农兵学员	中国文化学院史学研究所教职及台北故宫博物院之职	《史学导言》一书由台北中央日报社出版
1971年	联合国教育科学文化组织执行局通过恢复中华人民共和国合法权利的决议	仍任前职	发表《历史上之人物》《学问之三方面》《论史学所备之一番心情》《中国史学发微》《青年的责任》《中国知识分子的责任》等文章
1972—1976年	1976年粉碎"四人帮"	仍任前职	《中国学术通义》《八十忆双亲》《灵魂与心》三书出版，发表《中国文化特质》《中国哲学道德与政治思想》《人类文化与东方西方》《孔子为人及其学与教》《中国历史上的传统教育》《生活行为事业》《读书与游历》等文章

续表

时间	国内教育大事	钱穆行谊	钱穆作品
1977—1986年	1977年恢复高考，1986年六届人大四次会议通过《中华人民共和国义务教育法》，其中规定，国家实行九年制义务教育	为文化大学史学研究所博、硕士班上最后一堂课，临别赠言"你是中国人，不要忘记了中国"。至此先生告别杏坛	《中国学术思想史论丛》《历史与文化论丛》《从中国历史来看中国民族性及中国文化》《双溪独语》《八十忆双亲师友杂忆合刊》《中国历史精神》等书出版
1987年		被选为中国文化大学名誉教授	《晚学盲言》上下册出版
1988年		继续在素书楼授课	
1989年		继续在素书楼授课	
1990年		于台北逝世	《联合报》刊登遗作《中国文化对人类未来可有的贡献》